A APLICAÇÃO DA LEI DO TRABALHO
NAS RELAÇÕES DE EMPREGO PÚBLICO

PAULO DANIEL COMOANE
Mestre em Ciências Jurídicas
Docente universitário

A APLICAÇÃO DA LEI DO TRABALHO NAS RELAÇÕES DE EMPREGO PÚBLICO

Dissertação para Mestrado em Ciências Jurídicas
Orientador: Prof. Doutor PEDRO BARBAS HOMEM

A APLICAÇÃO DA LEI DO TRABALHO NAS RELAÇÕES DE EMPREGO PÚBLICO

AUTOR
PAULO DANIEL COMOANE

EDITOR
EDIÇÕES ALMEDINA, SA
Rua da Estrela, n.º 6
3000-161 Coimbra
Tel.: 239 851 904
Fax: 239 851 901
www.almedina.net
editora@almedina.net

PRÉ-IMPRESSÃO • IMPRESSÃO • ACABAMENTO
G.C. – GRÁFICA DE COIMBRA, LDA.
Palheira – Assafarge
3001-453 Coimbra
producao@graficadecoimbra.pt

Fevereiro, 2007

DEPÓSITO LEGAL
255297/07

Os dados e as opiniões inseridos na presente publicação
são da exclusiva responsabilidade do(s) seu(s) autor(es).

Toda a reprodução desta obra, por fotocópia ou outro qualquer processo,
sem prévia autorização escrita do Editor,
é ilícita e passível de procedimento judicial contra o infractor.

PREFÁCIO

Foi com grande satisfação que recebi o convite formulado pelo Mestre Paulo Daniel Comoane *para prefaciar a publicação da sua dissertação de mestrado pela Faculdade de Direito da Universidade Eduardo Mondlane, aprovada por unanimidade com elevada classificação.*

À gentileza desta solicitação devo acrescentar a do pedido para a orientação da investigação, formulado vai para uns anos atrás. Foi nesse momento que tive ocasião de melhor conhecer e de tomar contacto com a inteligência e a capacidade de trabalho do Mestre Paulo Comoane.

É, portanto, um gesto de amizade científica que me foi proposto e que aqui quero assinalar.

Foi com muito orgulho que participei no 1.º Curso de Mestrado em Direito da Faculdade de Direito da Universidade Eduardo Mondlane, organizado em colaboração com a Faculdade de Direito da Universidade de Lisboa com o apoio de diversas instituições privadas portuguesas. Tive então ocasião de conhecer valiosos juristas e empenhados docentes universitários, cujos conhecimentos científicos e capacidade de investigação científica deve ser sublinhada. É o caso do jurista cuja obra agora se publica.

O papel do jurista é fundamental para a fundação da ciência jurídica moçambicana e a publicação das primeiras dissertações de mestrado é, assim, um marco simbólico de largo alcance para a cultura jurídica de Moçambique.

De outro lado, tanto as relações culturais entre Portugal e Moçambique como as relações entre as instituições universitárias de Portugal e de Moçambique que se associaram para a organização do curso de Mestrado vêem agora coroada de êxito esta iniciativa em boa hora iniciada.

A importância desta obra não precisa de justificação. Pelo tema, pela actualidade e pelo tratamento dos elementos jurídicos, «A Aplicação da Lei do Trabalho nas Relações de Emprego Público» constitui uma obra fundamental para a compreensão dos caminhos e metamorfoses do Estado moçambicano. Assim, os paradigmas do direito individual do trabalho devem ser entendidos à luz de uma ponderação específica do estatuto dos agentes e funcionários do Estado. Os temas agora actuais da privatização do direito público e da publicização do direito privado têm nesta problemática uma especial importância. De outro lado, este livro não se limita a questionar e a resolver problemas dogmáticos, mas contém indicações precisas para problemas da prática jurídica moçambicana. Finalmente, o último capítulo dá ao leitor pistas importantes para reflectir acerca dos caminhos que se colocam ao legislador moçambicano, reflexões de particular actualidade quando se preparam importantes reformas da legislação laboral e da administração pública.

Se é certo que os paradigmas do Estado social estão a ser controvertidos por todo o mundo e, com isso, também o modelo de relacionamento entre o Estado e os seus servidores, também é certo que uma compreensão sistemática desta realidade tem de assentar na observação analítica dos institutos jurídicos do direito do trabalho e do direito administrativo.

É o que o leitor pode encontrar neste livro que será futuramente uma obra de referência, não apenas para os juristas práticos, como um elemento de estudo e reflexão para o legislador moçambicano.

Assim, estão de parabéns o Autor e a ciência jurídica moçambicana.

Pedro Barbas Homem
*Professor da Faculdade de Direito
da Universidade de Lisboa*

Lisboa, 12 de Outubro de 2006

DEDICATÓRIA

Dedico a presente dissertação a toda a minha família.

AGRADECIMENTOS

A presente dissertação não teria sido possível sem o apoio material e moral de muitas pessoas para as quais fica uma dívida de gratidão.

Reconhecimento profundo ao Prof. Doutor Gilles Cistac, pelo encorajamento à investigação do Direito Administrativo e, sobretudo, pelo apoio moral e material prestado ao longo da preparação desta dissertação.

Ao Prof. Doutor Barbas Homem pela prontidão e sábia orientação. Não será por falta do seu apoio e orientação que a presente dissertação possa apresentar insuficiências, pois mesmo estando longe, usando das tecnologias de informação, sempre se preocupou em fazer o devido acompanhamento do trabalho, e, aquando da minha visita a Lisboa, esteve sempre disponível.

Às Direcções das Faculdades de Direito da Universidade de Lisboa e da Universidade Eduardo Mondlane dirige-se também um agradecimento pela oportunidade do Mestrado sem ter de sair do país, como acontece com outras especialidades. Um merecido reconhecimento vai também à FLAD, que apoia o Mestrado, sobretudo no que diz respeito à bolsa que concedeu para a realização da visita de estudo à Universidade de Lisboa.

Aos colegas Tomás Timbane e Duarte Casimiro, pelas ricas contribuições que resultaram das discussões tidas ao longo de todo o percurso da elaboração da dissertação.

Por último, reconhecimento profundo a toda a minha família pelo apoio moral prestado durante a preparação desta tese. A minha irmã Ana pela sua constante disponibilidade. Especialmente à Elisabeth por ter facilitado a pesquisa da legislação, bem como pelo seu companheirismo. Ao Júnior, Danny e a Wendy pela inspiração.

ABREVIATURAS

AAFDL	–	Associação Académica da Faculdade de Direito de Lisboa
Ac.	–	Acórdão
AP	–	Administração Pública
CC	–	Código Civil
CE	–	Conselho de Estado Francês
CFM	–	Caminhos de Ferro de Moçambique E.P.
CIRESP	–	Comissão Interministerial da Reforma do Sector Público
CRM	–	Constituição da República de Moçambique
CRP	–	Constituição da República Portuguesa
CT	–	Código do Trabalho Português
DL	–	Decreto-Lei
EE	–	Empresa Estatal
EP	–	Empresa Pública
EGFE	–	Estatuto Geral dos Funcionários do Estado
i.e.	–	Isto é
INC	–	Instituto Nacional do Cinema
LT	–	Lei do Trabalho
LPAC	–	Lei do Processo Administrativo Contencioso
LOTA	–	Lei Orgânica do Tribunal Administrativo
PCP	–	Pessoa colectiva de direito público
PCP's	–	Pessoas colectivas de direito público
P.e./P.ex.:	–	Por exemplo
STA	–	Supremo Tribunal Administrativo de Portugal
TA	–	Tribunal Administrativo
TJCM	–	Tribunal Judicial da Cidade do Maputo
UEM	–	Universidade Eduardo Mondlane
Vs.	–	Versus

ÍNDICE

Prefácio..	5
Dedicatória..	7
Agradecimentos...	9
Abreviaturas...	11
Introdução..	17

CAPÍTULO I
Âmbito de Aplicação da Lei e do Direito do Trabalho

1.1. Da LT e definição do seu objecto	33
a) Relações individuais de trabalho	34
b) Relações colectivas de trabalho..	37
1.2. A extensão do âmbito de aplicação da LT ao emprego público.......	39
1.3. A aplicação dos princípios do Direito de Trabalho nas Relações de Emprego Público..	45
a) O princípio da liberdade de escolha da profissão........................	48
b) O princípio da igualdade	52
c) O princípio do *favor laboratoris*	55
1.4. Os fundamentos constitucionais da aplicação do regime laboral comum às relações de emprego público...	59
1.5. Considerações finais sobre o primeiro capítulo................................	62

CAPÍTULO II
A Aplicação da LT nas Situações Jurídico-Privadas de Emprego Público

2.1. Conceito e estrutura das situações jurídico-privadas de emprego público........	63
a) Conceito	63
b) Estrutura das relações jurídico privadas de emprego público.....	66
b.1) Os sujeitos da relação	66
b.2) Objecto da relação	70
b.3) Da garantia da relação	73
2.2. Os diferentes tipos de situações jurídico-privadas de emprego público	75

14   A Aplicação da Lei do Trabalho nas Relações de Emprego Público

2.3. A natureza jurídica das situações jurídico-privadas de emprego público	82
a) A natureza privada da situação jurídico-privada de emprego público	83
b) A natureza pública da situação jurídico-privada de emprego público	86
c) Posição adoptada	88
2.4. O regime jurídico das relações jurídico-privadas de emprego público	90
a) O regime da constituição da situação jurídico-privada de emprego público	91
b) Conteúdo da situação jurídico-privada de emprego público	96
c) A modificação da situação jurídico-privada de emprego público	96
d) A extinção da situação jurídico-privada de emprego público	98
d.1) A corrente da extinção pelo regime público	98
d.2) A corrente da extinção pelo regime privado	99
e) O regime da segurança social	101
2.5. A problemática da jurisdição competente para dirimir conflitos emergentes das situações jurídico-privadas de emprego público	101
a) O critério do contrato	101
b) O critério dos sujeitos da relação	105
c) Posição adoptada	106
2.6. Considerações finais sobre o segundo capítulo	107

CAPÍTULO III
A Transposição da LT para as Situações Jurídicas de Emprego na Função Pública

3.1. Conceito, características e figuras afins de Função Pública	111
a) Conceito de Função Pública	111
b) Características da Função Pública	113
b.1) Integração no Aparelho do Estado	113
b.2) A forma da constituição da relação por acto de direito público	114
b.3) A projecção da relação de trabalho na vida privada do funcionário	114
c) Figuras afins	115
3.2. A função Pública como vínculo jurídico laboral de natureza subordinada	116
a) A Função Pública como relação jurídica	117
b) Os sujeitos da situação jurídica de emprego no aparelho do Estado	120
b.1) Agentes Administrativos	121
b.2) Funcionários Públicos	126
i) Critério formal	126
ii) Critério de facto	127
3.3. Aproximação e distanciamento entre a relação laboral da Função Pública e a relação laboral do direito privado como pressuposto da transposição da LT	131
3.4. O significado e relevância da exclusão da Função Pública do âmbito da LT: a rejeição da aplicabilidade directa da LT	134
3.5. A posição do regime específico da Função Pública face à LT	136
a) A corrente da relação de especialidade	137

Índice

    b) A corrente da relação de excepcionalidade 139
    c) A corrente da autonomia do regime da função pública 141
    d) Posição adoptada 143
3.6. As condições da transposição da LT para as situações jurídicas de trabalho na função pública 144
    a) A transposição pelo processo de preenchimento de lacunas 144
        a.1) Colocação do problema em geral 144
        a.2) A corrente da inaplicabilidade da LT às situações jurídicas de trabalho na função pública 144
        a.3) A corrente da aplicabilidade da LT às situações de emprego na função pública 145
    b) A transposição pela influência mútua entre o direito da função pública e o regime laboral comum 146
3.7. Considerações finais sobre o terceiro capítulo 150

CAPÍTULO IV
Privatização/Laboralização do Emprego Público: Perspectivas e Desafios para Moçambique

4.1. Problematização 153
4.2. A rejeição da opção da laboralização do emprego público pela unificação entre o direito do trabalho e o direito da Função Pública 155
4.3. A privatização da relação de emprego público pela utilização de instrumentos jurídico-privados 160
    a) A utilização do contrato de trabalho individual na administração estadual directa 160
        a.1) Actividades que impliquem poderes de autoridade 160
            i) Contrato de trabalho público 163
            ii) Contrato de trabalho privado 165
        a.2) Actividades que não implicam poderes de autoridade 169
    b) A utilização do contrato de trabalho na Administração estadual indirecta ... 169
4.4: A laboralização do emprego público pela influência mútua entre o regime da função pública e o regime laboral 170
4.5. As implicações do novo regime dos trabalhadores da AP na estrutura e natureza do Estado de direito social 172
    a) A concepção clássica do emprego público 172
    b) A concepção moderna do emprego público e suas consequências na estrutura e natureza do Estado social 177

Conclusões 181

Palavras Finais 185

Bibliografia 187

INTRODUÇÃO

a) **Contextualização e justificação da escolha do tema**

A aplicação da lei do trabalho nas situações de trabalho na Administração, provoca o fenómeno da laboralização do emprego público[1], consequência da privatização da Administração Pública[2]. Esta «privatização ou laboralização» do emprego público decompõe-se, nomeadamente, na complexa questão da escolha do direito aplicável às situações jurídicas de emprego na Administração Pública[3], na problemática da relevância do

---

[1] GÓMEZ ALVAREZ, Tomás. *La transformación de las Administraciones Públicas. Aspectos laborales y perspectivas de futuro.* CES, Colección Estudios, 1.ª edição, pgs. 297 e ss.

[2] Cfr. OTERO, Paulo.*Os Caminhos da Privatização da Administração Pública.* Coordenadas Jurídicas da Privatização da Administração Pública. IV *Colóquio Luso Espanhol de Direito Administrativo.* Boletim da Faculdade de Direito da Universidade de Coimbra, Stvdia Jvridica. Coimbra, 2001, pgs. 31 e ss.; na mesma obra vide, FERNANDA NEVES, Ana. *Os caminhos da privatização da Administração pública.* Privatização das Relações de Trabalho na Administração Pública, pgs. 163 e ss.

[3] Embora não constitua uma questão duma relação do tipo causa-efeito, por não ser silogística a relação entre direito aplicável e foro competente, de certa forma, o tema em estudo está também relacionado com a problemática da jurisdição competente para dirimir os conflitos emergentes da relações de trabalho entre a Administração Pública e o s eu pessoal; posição esta defendida pelo Tribunal Administrativo de Moçambique, no Ac. n.º 81/2004, proferido nos autos do processo n.º 112/01-1.ª Secção, ao referir que o contrato objecto do litígio em causa, "não conferiu ao recorrente, por um lado, a qualidade de funcionário do Estado, e, por outro, não é disciplinado essencialmente pelo direito público. [Portanto], o contrato ora em litígio é, na verdade, um contrato essencial e materialmente privado, pelo que, (...) excluído da jurisdição administrativa". Neste sentido, a escolha do direito aplicável às relações de emprego público determinará, em muitos casos, a jurisdição competente. As Competências do TA são fixadas pela LOTA-Lei n.º 5/92, de 6 de Maio e o procedimento administrativo contencioso pela LPAC-Lei n.º 9/2001, de 7 de Julho.

interesse público sobre as relações privadas de emprego na Administração e na questão relativa às condições e limites da transposição do regime laboral comum aos funcionários do Estado[4].

A presente dissertação aprofunda o estudo apresentado ao longo do curso, sobre o regime jurídico das relações de trabalho na Administração Pública moçambicana, no que concerne ao relacionamento entre o regime da função pública e o regime laboral comum. Nesse estudo, cujo objecto foi o "direito à greve na função pública em Moçambique"[5], aderiu-se às teses favoráveis à transposição do regime laboral comum para a função pública. Todavia, a especificidade do tema da greve não permitiu que, à partida, as conclusões a que nele se chegou fossem automaticamente generalizadas às demais matérias relativas ao regime das relações de trabalho na Administração.

É por isso que, sobre o relacionamento entre o regime das relações de emprego público e o regime laboral comum, a presente dissertação apresenta-se com um tema mais abrangente e cujas conclusões são generalizáveis a todo o âmbito das relações de trabalho na Administração.

O Relatório apresentado na disciplina do Direito Comercial, com o tema "aplicação subsidiária do Direito Civil no Direito Comercial"[6] in-

---

[4] O problema que se coloca tem que ver com a análise dos limites que poderão derivar da subordinação ao interesse público e da reserva de lei que se manifestam no emprego público. LIBERAL FERNANDES, Francisco. *Autonomia Colectiva dos trabalhadores da Administração. Crise do modelo clássico.* Boletim da Faculdade de Direito da Universidade de Coimbra. Coimbra Editora, 1995, pg. 110.

[5] COMOANE, Paulo Daniel. *Haverá um direito a greve na função pública em Moçambique?*, Relatório apresentado por ocasião do Mestrado em Ciências Jurídicas, organizado pela Faculdade de Direito da Universidade Eduardo Mondlane e a Faculdade da Direito da Universidade de Lisboa, Maputo, 2004.

[6] O objecto de estudo no relatório em referência teve em vista a investigação da autonomia dogmática do Direito Comercial face ao Direito Civil, problema esse que também se coloca entre o regime da função pública e o regime do Direito do Trabalho. Coloca-se, por um lado, o problema das zonas de intersecção entre o regime da função pública e o regime laboral e, por outro, discute-se a possibilidade de aproximação dos dois regimes, ou seja, a criação de um Direito Laboral comum. Estas referências encontram-se, respectivamente em: PALMA RAMALHO, Maria do Rosário. *Intersecção entre o regime da Função Pública e o Regime Laboral – Breves Notas.* Separata da Revista da Ordem dos Advogados, Ano 62, II-Lisboa, Abril de 2002, LIBERAL FERNANDES, Francisco. *Autonomia Colectiva dos Trabalhadores da Administração. Crise do Modelo Clássico de Emprego Público.* Boletim da Faculdade de Direito da Universidade de Coimbra, Coimbra Editora, 1995 e

fluenciou a definição do objecto da presente dissertação, mais concretamente no que concerne à colocação do problema do regime da extensão da lei e do direito do trabalho às relações jurídicas de emprego público. Se em Direito Comercial se discute a problemática de saber se a aplicação do Direito Civil é directa ou subsidiária, no Direito Administrativo coloca-se a questão de saber se o regime laboral comum tem, em relação ao regime da função pública, uma aplicação directa, subsidiária ou de outra natureza.

A relação entre o regime das situações jurídicas de trabalho na Administração e o regime laboral comum tem sido objecto de pouca elaboração doutrinária, consequência da integração dos dois regimes em ramos do direito público e privado respectivamente. Essa pouca elaboração doutrinária torna interessante qualquer discussão relativa à questão de saber se existirá entre os dois regimes uma relação de género/espécie, se essa não for uma relação do tipo norma geral e norma excepcional.

A lei laboral moçambicana determina que o regime dos funcionários do Estado é regulado por estatuto específico; todavia, não esclarece o problema da natureza de excepcionalidade, de especialidade ou mesmo de autonomia deste regime em relação ao regime laboral comum. Será o regime da função pública um regime especial, excepcional ou um regime autónomo em relação ao regime comum?

O interesse, teórico e prático, de saber qual a possível resposta a estas inquietações, determinou a escolha do tema objecto da presente dissertação.

A circunstância de estar em vista a revisão dos regimes em referência, designadamente da LT e do Estatuto Geral dos Funcionários do Estado, pareceu uma boa oportunidade para a análise da problemática das zonas de intersecção e delimitação entre o regime laboral comum e o regime da Função Pública[7]; pois, em termos práticos, enquanto o processo

---

CAETANO, Marcello. *Princípios Fundamentais do Direito Administrativo*. Reimpressão da edição brasileira de 1977, 1.ª Reimpressão Portuguesa, pgs. 288 a 289.

[7] Sobre esta matéria vide por todos PALMA RAMALHO, Maria do Rosário. *Intersecção entre o regime da função pública e o regime laboral-breves notas,* ob. cit.; da mesma autora, vide *O contrato de trabalho na Reforma da Administração Pública*. Revista da Associação de Estudos Laborais. Questões Laborais, Ano XI-2004, Coimbra Editora, pgs. 121 a 136 e *Contrato de Trabalho na Administração Pública. Anotação à Lei n.º 23/2004, de 22 de Junho*, Almedina, Coimbra, Setembro, 2004. FERNANDA NEVES, Ana. *Caminhos da Privatização da Administração Pública*. *Privatização da Relação de Trabalho na Administração Pública*. *IV colóquio Luso Espanhol do Direito Administrativo*. Boletim da Faculdade de Direito da Universidade de Coimbra. Stvdia Jvridica. Coimbra, 2001, pgs. 163 e ss.

de revisão dos referidos regimes vai no 'adro', situações da vida prática (com o constante e crescente recurso ao contrato individual do trabalho por organismos públicos, no âmbito da administração directa e indirecta do Estado[8]) revelam a necessidade de clarificação da posição jurídica desses regimes um em relação ao outro. Em termos doutrinários, há um interesse em estudar o modo como o processo de revisão poderia colocar o problema das relações de trabalho na Administração.

Sobretudo, considerando que o regime da função pública data de 1987, logicamente aprovado antes da Constituição de 1990, há uma clara necessidade de se analisar o modo como a LT poderá inspirar a solução de casos que se levantam no seio da espécie de relações de emprego público regulado por aquele regime. Desde logo, porque a CRM consagra um regime de direitos fundamentais bastante favorável aos trabalhadores, bem como um regime constitucional de uma economia de mercado baseada na liberdade contratual. De certo modo, o desfasamento do Estatuto Geral dos Funcionários do Estado (EGFE) é notório, donde o recurso à Lei e ao Direito do Trabalho se mostre uma alternativa possível, para resolver situações que não encontram solução no direito público.

b) **Justificação do tema no âmbito das ciências jurídicas**

A incursão num domínio estranho aos juslaboralistas merece uma prévia e rápida explicação[9]. Com efeito, não é comum o estudo das relações de emprego público no Direito do Trabalho, pois é no âmbito do direito público que se encontram maiores referências a este tipo de relações de trabalho. É disso exemplo o facto deste tema praticamente não constar dos manuais do Direito do Trabalho[10]. As obras consagradas, no Direito do Trabalho, dedicam-lhe pouca ou quase nenhuma atenção.

---

[8] É o caso, por exemplo, do Conselho Nacional do Combate ao Sida, um serviço público situado no âmbito da Administração directa do Estado, cujos trabalhadores são contratados com recurso ao contrato individual do trabalho.

[9] LIBERAL FERNANDES, Francisco. *Autonomia Colectiva dos Trabalhadores da Administração*, cit., pg. 11.

[10] Pelo contrário, o tema sobre as relações de emprego público é abundantemente tratado nas obras de Direito Administrativo, P.e.: no *Manual de Direito Administrativo*, do Prof. Marcello CAETANO, em JOÃO ALFAIA. *Conceitos Fundamentais do Regime Jurídico*

A título exemplificativo, o Prof. MENEZES CODEIRO quase que não lhes faz referência. Por seu turno, MONTEIRO FERNANDES, quando se debruça sobre as relações de emprego público é apenas para dizer, em poucas linhas, que "do objecto do direito do trabalho estão também excluídas as relações jurídico-públicas do trabalho, com especial relevo para as que se estabelecem entre o Estado e os funcionários públicos"[11], retirando desse modo qualquer hipótese de lhes dedicar um aprofundamento em termos laborais.

Mas, analisando um pouco mais fundo, constata-se que o extracto em referência toma em consideração apenas uma parte do género das relações de emprego público, pois no direito português "o legislador, regra geral, reserva a aplicabilidade do regime jurídico público aos trabalhadores que assumem a qualidade de funcionários e agentes, remetendo os demais trabalhadores, designadamente os contratados a termo certo, para regras próprias do Direito do Trabalho"[12], sendo por isso possível e desejável que o Direito do Trabalho se interesse por estas relações de trabalho.

Diferente é a forma como ROMANO MARTINEZ faz referência a estas relações jurídicas de emprego público, pois, por um lado, coloca as situações jurídicas de Emprego na Administração na secção temática dos contratos de trabalho com regimes especiais, donde se pode concluir, desde logo, que o emprego público não deixa de ser uma situação jurídica de trabalho regulado por um regime específico[13]. Por outro lado, dispensa às situações de emprego público o mesmo tratamento conferido às outras situações jurídicas de trabalho reguladas por regimes especiais. Nas referidas lições, o ilustre professor defende que as relações de trabalho nas pessoas colectivas de direito público (PCP) podem estar sujeitas ao Direito do Trabalho desde que a lei assim o permita[14].

---

do Funcionalismo Público, e muito recentemente VEIGA E MOURA, Paulo. *Função Pública. Regime Jurídico, direitos e deveres dos funcionários e agentes.* 1.° Volume, Coimbra Editora, 2001 e FERNANDA NEVES, Ana. *Relação Jurídica de Emprego Público.* Almedina, Coimbra, 1999, obras estas todas elas dedicadas ao direito público.

[11] MONTEIRO FERNANDES, António Lemos. *Direito do Trabalho.* Almedina, Coimbra, 1999, 11.ª edição, pg. 51.

[12] VEIGA E MOURA, Paulo. *Função Pública. Regime Jurídico, Direitos e Deveres dos Funcionários e Agentes.* 1.° Volume, Coimbra Editora, 2001, 2.ª Edição, pg. 22.

[13] ROMANO MARTINEZ, Pedro. *Direito do Trabalho.* Almedina, Coimbra, Abril de 2002, pgs. 669 e ss.

[14] ROMANO MARTINEZ, Pedro. *Direito do Trabalho*, cit., pg. 670.

A necessidade de uma autorização legal, para a constituição de situações jurídicas de emprego na Administração, reguladas pelo direito privado, constitui um primeiro indício das condições de aplicação do direito comum aos fenómenos laborais de emprego público. À liberdade contratual que preside normalmente a constituição das relações de trabalho privadas opõe-se, em Direito Administrativo, o princípio da competência – conjunto de poderes funcionais conferidos por lei aos órgãos públicos para a prática de determinados actos –, neste caso, de celebrar contratos de trabalho. O regime público, segundo a jurisprudência do Tribunal Administrativo, não pode ser deixado ao critério dos intervenientes, num dado negócio jurídico. Não há uma completa liberdade de estipulação em Direito Administrativo. Razão pela qual, a celebração dos contratos de trabalho pela AP é autorizada pelo artigo 34 do EGFE[15].

No mesmo sentido se posiciona LOBO XAVIER, que coloca os contratos de trabalho com o Estado no capítulo dos contratos de trabalho em regime especial, para quem "mesmo quando intervém com autoridade pública, o Estado celebra contratos administrativos de trabalho, de regime com pontos de contacto com os do contratos de trabalhos comuns"[16].

Mesmo nas relações de trabalho tradicionalmente reguladas pelo Direito Público, a hipótese de aplicação da Lei e do Direito do Trabalho não deve ser considerada complemente excluída. Com efeito, nem a LT nem o Estatuto Geral dos Funcionários do Estado contêm disposições que impeçam, expressa ou implicitamente, a transposição do regime laboral comum para a função pública. É de princípio que, onde o legislador não distingue não poderá o intérprete distinguir.

É evidente, portanto, que no seio da Administração Pública encontram-se trabalhadores sujeitos ao regime jurídico-privado e trabalhadores submetidos ao regime do direito público. Se para estes a pergunta que se coloca é saber em que condições poderá o regime da LT ser transposto para a função pública, para aqueles importa saber que implicações têm as regras constitucionais e legais, que regem o funcionamento da Administração Pública, sobre a relação de trabalho de direito privado de emprego público.

---

[15] Ac. n.º57/2004, proferido nos autos do Recurso Contencioso cujos termos correram sob o n.º 23/2004-1.ª Secção do Tribunal Administrativo de Moçambique.

[16] LOBO XAVIER, Bernardo da Gama. *Curso de Direito do Trabalho*, 2.ª edição, de 1993, com aditamento de actualização. Verbo, Lisboa/São Paulo, Reimpressão de 1996, pg. 304.

Por isso, "a ideia de tratar um tema relativo a um sector profissional, cuja disciplina o direito continental europeu vem remetendo há mais de um século para o Direito Administrativo, é motivada pela convicção de que [se] ...enfraqueceu consideravelmente a fronteira estabelecida entre o contrato de trabalho e a relação de emprego público.

Mau grado o salto qualitativo operado pela lei, as diferenças que perduram entre os dois vínculos não impedem que o segundo possa ser analisado numa perspectiva metodológica de matriz laboralista"[17].

Daí que o tema sobre a «aplicação da LT nas relações jurídicas de emprego público» não seja totalmente estranho à disciplina do Direito do Trabalho.

c) Quadro teórico e delimitação do âmbito do estudo

O presente estudo parte do pressuposto teórico de que quando as situações jurídicas de emprego na Administração são reguladas pelo regime laboral comum, essa circunstância situa-se e justifica-se no âmbito da aplicação pessoal da LT, definido pelo artigo 2 deste diploma legal[18]. Segundo este preceito legal, "a presente lei aplica-se às relações jurídicas de trabalho estabelecidas entre entidades empregadoras dos sectores estatal, cooperativo em relação aos trabalhadores assalariados, misto e privado de todos os ramos de actividade"[19].

A expressão «sector estatal», entendida no seu sentido orgânico, compreende o sector de actividade constituído pelas pessoas colectivas públicas ou instituições dependentes do Estado que, para o desempenho das suas actividades, empregam trabalhadores; e, noutra perspectiva, material, a mesma expressão tem o sentido de ramo de actividade pública, que se contrapõe ao ramo de actividade privada.

---

[17] LIBERAL FERNANDES, Francisco. *Autonomia colectiva dos trabalhadores da administração. Crise do modelo clássico de emprego público*, cit., pg. 11.

[18] Posição esta que encontra algum acolhimento em PALMA RAMALHO, Maria do Rosário. *Contrato de Trabalho na Reforma da Administração Pública*, cit., pg. 126. Defende a autora, a propósito do artigo 6 do diploma preambular do CT português, que esta disposição veio permitir a adaptação do regime laboral comum para a sua aplicação pelas pessoas colectivas de direito público.

[19] Artigo 2, n.º 1 da LT.

Pelo que é defensável a ideia de que, quando o legislador emprega as expressões «sectores estatais» e «qualquer ramo de actividade», estende o âmbito de aplicação da LT às situações jurídicas de emprego entre a AP e seus trabalhadores.

Em direito comparado, nomeadamente no direito português, entende alguma doutrina que o artigo 6 do diploma legal que aprova o CT de Portugal abriu portas para a legitimação do contratado de trabalho na Administração Pública. Diz a referida doutrina que "o novo regime do contrato de trabalho no âmbito da Administração Pública, que consta da Lei n.° 23//2004, de 22 de Junho, foi elaborado em aproveitamento da norma contida no artigo 6 do Diploma Preambular do Código do Trabalho, que previu a adaptação das normas do Código na sua aplicação aos contratos de trabalhos celebrados com as pessoas colectivas públicas"[20].

Do exposto, pode afirmar-se que a transposição do regime da lei e do Direito do Trabalho para o domínio das relações de emprego na Administração pode ocorrer de diversas formas. A mais comum e pragmática tem que ver com a utilização do contrato individual de trabalho como uma das formas de constituição da relação de emprego entre a Administração Pública e os seus trabalhadores[21]. A constituição de uma relação de emprego entre a AP e os seus trabalhadores, através do contrato individual de trabalho, ocorre fundamentalmente em dois casos:

– "Se as pessoas colectivas públicas desenvolverem actividades privadas que correspondam a interesses meramente privados, as relações laborais que se constituírem inserem-se no âmbito do Direito Privado"[22], sendo este o primeiro caso.

– O segundo verifica-se naquelas situações jurídicas em que a Administração pública, no exercício de actividades de interesse público, constitui relações sujeitas ao direito privado, "concretamente, a relação de emprego com a Administração pública [que] pode estabelecer-se por

---

[20] PALMA RAMALHO, Maria do Rosário. *Contrato de trabalho na Reforma da Administração Pública,* cit., pg. 126.

[21] Sobre esta problemática, o direito português já realizou avanços significativos, com a entrada em vigor da Lei n.° 23/2004, de 22 de Junho, que aprova o regime jurídico do contrato individual de trabalho na Administração Pública. Já antes o tinha feito com o Decreto-Lei n.° 427/89, de 7 de Dezembro, que previa expressamente a utilização, pela AP, do contrato de trabalho a termo certo.

[22] ROMANO MARTINEZ, Pedro. *Direito do Trabalho.* IDT. Almedina, Coimbra, Abril, 2002, pg. 670.

contrato a termo certo"[23], designadamente nos casos previstos no artigo 34 do EGFE.

A outra hipótese em que pode ocorrer a transposição da lei e do direito do trabalho para as relações de trabalho estabelecidas entre a Administração e seus trabalhadores é relativa ao fenómeno que a doutrina designa através de várias expressões, nomeadamente "*l'application du droit de travail*"[24], "*autonomie du droit administratif, transposition et réception du droit privé*"[25], "*Servidor Público: transposição do direito do trabalho, limites e possibilidades*"[26], "*le juge administratif et l'application du code du travail aux personnels du secteur public*"[27], "*privatização da relação de trabalho na Administração Pública*"[28] e "*laboralização do emprego público*"[29]. As expressões designam aquelas situações em que o aplicador da lei faz uso de normas e princípios do direito do trabalho para regular relações de trabalho de natureza pública.

Neste contexto, constituem objecto da presente dissertação as seguintes situações jurídicas de emprego na Administração:

a) A utilização do contrato individual de trabalho pela Administração Pública moçambicana para constituir relações de trabalho, para a rea-

---

[23] ROMANO MARTINEZ, Pedro. *Direito do Trabalho*, cit., pg. 670. Convém, no entanto, esclarecer que o extracto em referência, e no que diz respeito ao contrato de trabalho a termo certo, tem o seu contexto inserido na altura em que a Lei n.° 23/2004, de 22 de Junho, não tinha sido ainda aprovada. Com a entrada em vigor desta Lei, o artigo 18 do Decreto-Lei n.° 427/89, de 7 de Dezembro foi revogado, tendo a matéria referente aos contratos de trabalho sido retomada por este novo diploma legal. No entanto, o extracto não ficou destituído de conteúdo, na medida em que continua sendo verdade que a AP portuguesa pode celebrar contratos de trabalho. A diferença é que ultimamente os contratos individuais de trabalho na Administração podem ser a termo certo ou por tempo indeterminado.

[24] LAUBADÈRE, André/VENEZIA, Jean-Claude/GAUDEMET, Yves. *Traité de droit administratif*. Tome 2, L.G.D.J., Paris, 11e edition, pg. 52.

[25] LAUBADÈRE, André/VENEZIA, Jean-Claude/GAUDEMET, Yves. *Traité de droit administratif*. Tome 1, L.G.D.J., Paris, 11e edition, pg. 29.

[26] ANDRÉ DE FARIAS, Fábio. *Servidor Público: transposição de regime de trabalho, limites e possibilidades*. Artigo publicado na internet www.prt21.gov.br/dt. e extraído no 18 de Fevereiro de 2005.

[27] ZAPATA, Francis. *Le juge administratif et l'application du code du travail aux personnels du secteur public*". Droit Social n.° 7/8 – Julliet-Aout 1996, pgs. 697 e ss.

[28] FERNANDA NEVES, Ana. *Os Caminhos da Privatização da Administração Pública. Privatização da relação de trabalho na Administração Pública*, cit., pgs. 163 e ss.

[29] GÓMEZ ALVAREZ, Tomás. *La transformación de las Administraciones Públicas*, cit., pg. 297.

lização de tarefas que concorrem directamente para a satisfação de necessidades colectivas; aquelas situações em que aos trabalhadores da AP, o professor Marcello CAETANO outrora designou de agentes administrativos, por estarem vinculados a uma PCP.

Entende-se que, nestes casos, "a introdução da figura do contrato individual de trabalho nunca poderia ser feita sem ser acompanhada da definição das regras e condições em que a Administração Pública poderia recorrer à mesma"[30]. Atendendo e considerando que, em Moçambique, ainda não existe um regime de adaptação da LT, para efeitos de aplicação nas situações de emprego público, serão objecto desta investigação as condições e limites de aplicação da lei e do direito de trabalho nas relações de trabalho na Administração. A estas relações, a doutrina designa por "relação de emprego privado estabelecida com a Administração"[31] ou por "espécie de relações de emprego público"[32]. Prefere-se esta última designação, de relações de emprego público, dentro das quais umas estão submetidas ao direito privado e outras ao direito público.

No direito moçambicano, as relações de trabalho que concorrem directamente para a satisfação das necessidades colectivas são, em princípio, de ingresso por via de nomeação. Com efeito, a contratação fora do quadro, nos termos da qual é admissível o recurso ao contrato individual de trabalho, só contempla tarefas não previstas nos qualificadores profissionais da Administração Pública[33].

Porém, essa medida não passou de mera pretensão, pois a realidade prática do país muito cedo se encarregou de pôr em causa a posição tomada na Reforma da Administração Pública moçambicana, introduzida pelo Decreto n.° 65/98, de 3 de Dezembro. Com efeito, conforme se pode ler no preâmbulo do Decreto n.° 78/99, de 1 de Fevereiro, "o Decreto n.° 65/98, de 3 de Dezembro, confere nova redacção ao artigo 34 do EGFE, definindo novos critérios para a contratação de pessoal fora do quadro.

---

[30] VEIGA E MOURA, Paulo. *Função Pública. Regime Jurídico, direitos e deveres dos Funcionários e Agentes*. Coimbra Editora, 1.° Volume, Coimbra, 2001, 2.ª Edição, pg. 48, nota de roda pé n.° 63.

[31] VEIGA E MOURA, Paulo. *Função Pública*, cit., pg. 54.

[32] FERNANDA NEVES, Ana. *«Desassossegos» de regime da função pública*. Revista da Faculdade de Direito da Universidade de Lisboa. Coimbra Editora. 2000.

[33] É o entendimento que resulta do artigo 34 do EGFE.

"Verificando-se que tal redacção veda em absoluto a possibilidade de contratação de pessoal para a docência, a fim de suprir as necessidades de serviço, provenientes de vagas, ausências ou impedimentos dos titulares de lugares dos quadros, e ainda para responder às exigências do crescimento da rede escolar que não podem ser satisfeitas apenas por pessoal dos mesmos, o Conselho de Ministros decreta". Deste extracto, facilmente se compreende que o pessoal docente pode ser contratado fora do quadro através do contrato individual de trabalho.

Todavia, é indubitável que a actividade docente concorre de uma forma directa e imediata para a satisfação de necessidades próprias e permanentes da Administração Pública e, consequentemente, na satisfação das necessidades da própria colectividade. Com efeito, a actividade docente faz parte de funções cujas relações de trabalho são normalmente submetidas ao direito público. Isto significa que ao abrigo do Decreto em referência, o Estado contrata docentes, através do contrato individual de trabalho, para o exercício de tarefas da natureza pública.

Não repugna, pois, que tais situações possam ser designadas de *"relações jurídico-privadas de emprego público"*, como forma de destacar o recurso a instrumentos jurídico-privados, designadamente o contrato individual de trabalho, para a prossecução do interesse público. Trate-se ou não de uma relação jurídica constituída por contrato, administrativo de provimento ou individual de trabalho, ou por nomeação, seja o seu regime de direito administrativo ou de direito privado (do trabalho), é sempre uma relação jurídica publicizada[34].

b) A segunda situação, objecto da presente dissertação, é relativa à utilização do direito privado, nomeadamente das normas laborais e do direito do trabalho, para regular situações, em princípio, objecto de normas e princípios do Direito Público. Uma dessas situações é, em geral, "a do recurso ao Direito Privado para integração de lacunas existentes no Direito Administrativo"[35] e, em particular, para suprir as lacunas do regime da função pública com recurso a normas da lei e princípios do direito do trabalho.

---

[34] FERNANDA NEVES, Ana. *«Desassossegos» do regime da função pública*. Revista da Faculdade de Direito da Universidade de Lisboa, Coimbra Editora, 2000, pg. 51.

[35] ESTORNINHO, Maria João. *A fuga para o Direito privado. Contributo para o estudo da actividade de direito privado da Administração Pública*. Colecção Teses, Almedina, Coimbra, 1999, pg. 338.

O suprimento de lacunas no regime da função pública, através do regime da LT, não é empresa fácil. Com efeito, dispõe o artigo 3 da LT que as disposições desta lei são aplicáveis a outros sectores cujas actividades requerem regimes especiais, em tudo o que se mostrar adaptado à sua natureza e características particulares. A norma em apreço refere-se às relações de trabalho reguladas por regimes especiais. Pergunta-se se o regime da função pública será um desses regimes especiais que podem ser regulados pela LT. Para isso, seria necessário aceitar que o regime da função pública tem, face ao direito laboral comum, a natureza de um regime especial.

Todavia, em matéria da relação entre a LT e o regime da Função Pública, não se poderá dizer, sem mais nem menos, que existe uma relação de espécie e género, pois a concepção clássica da relação de emprego público defende ainda que o regime da função pública é excepcional em relação ao regime comum[36].

Tudo se resume nas palavras da Maria do Rosário PALMA RAMALHO, autora que, sobre as influências mútuas entre o direito laboral e o regime da função pública, escreve o seguinte: "assim como no passado o direito do trabalho beneficiou da influência do direito público, para desenvolver novos instrumentos e técnicas de intervenção jurídica, poderá hoje o direito da função pública beneficiar da lição do direito do trabalho, na procura das adaptações necessárias ao constante aperfeiçoamento na prossecução do interesse público"[37]. Resta saber de que modo é que essa influência se deverá processar.

c) **Problema objecto de estudo na presente dissertação**

Dois problemas de fundo se levantam quando se fala da aplicação da LT nas Relações de Emprego Público. O primeiro é relativo às implicações que o interesse público tem sobre as situações jurídicas de trabalho, entre a Administração e seus trabalhadores, reguladas pelo direito privado. O se-

---

[36] Cfr. PALMA RAMALHO, Maria do Rosário. *Intersecção entre o regime da função pública e o regime laboral*, cit., pg. 455. Sobre as críticas à concepção clássica do emprego público vide, por todos, LIBERAL FERNANDES, Francisco. *Autonomia Colectiva dos trabalhadores da Administração,* cit., pgs. 73 e ss.

[37] PALMA RAMALHO, Maria do Rosário. *Intersecção entre o regime da função pública e o regime laboral – breves notas,* cit., pg. 465.

gundo busca saber em que condições e limites se pode fazer a transposição do direito privado para as situações jurídicas de emprego na função pública.

Em relação ao primeiro problema, a hipótese em que assenta a presente dissertação é de que as situações jurídicas de emprego público, constituídas no âmbito da gestão privada da Administração e submetidas ao direito do trabalho, sofrem influência dos princípios que norteiam o funcionamento da Administração Pública. Em relação ao segundo problema, pressupõe-se, como hipótese de estudo, que, reunidas determinadas condições, é admissível a aplicação da lei e do direito do trabalho nas relações de trabalho da função pública.

d) O problema da escolha do direito aplicável às relações de emprego público, na jurisprudência dos tribunais moçambicanos

Este estudo tem como questão prévia a delimitação das situações em que a Administração estabelece relações de trabalho reguladas pelo direito privado daquelas que se regem por normas de Direito Público. Tal delimitação pode parecer à primeira vista fácil, mas decisões contraditórias do Tribunal Administrativo e das secções laborais dos tribunais comuns ilustram, não só a importância de uma tal delimitação, como também as dificuldades que tal empreitada levanta.

Nem a LT nem o Estatuto dos funcionários públicos precisam em que casos o regime comum é aplicado nas relações de emprego público, criando-se, assim, confusão ao aplicador da lei. Veja-se, p. ex.:, quando o TA afirma, no Ac. n.º 81/2004, que "o n.º 1 do artigo 34 do EGFE ao remeter os contratos ao seu regime próprio, obviamente que não se refere a regime público", entende que todos os agentes contratados pela Administração Pública fora do quadro regem-se pelo Direito Privado.

Nas decisões do TA[38], ressalta a ideia de que a aplicação da LT nas relações de emprego público depende da existência de um contrato de trabalho, o que quer dizer que qualquer relação contratual de trabalho entre a Administração Pública e os particulares é de direito privado[39].

---

[38] Cfr. Ac. n.º 57/2004, proferido nos autos do Proc. n.º 23/2004-1.ª e Ac. n.º 81//2004, já citado.

[39] Isto tendo em conta que deixou de existir, no Direito moçambicano, o contrato administrativo de provimento.

No que aos tribunais comuns diz respeito, o critério que lhes serve de orientação tem sido o do sujeito público da relação. Para estes Tribunais, desde que a relação de trabalho tenha sido estabelecida com um ente público, o direito aplicável é também público e, consequentemente, a jurisdição competente é do TA[40].

A relação jurídica de trabalho entre os funcionários do Estado e a Administração pública será, em muitos casos, usada como ponto de referência para o estudo de algumas situações jurídicas que se levantam nas relações jurídico-privadas de emprego público. Tal escolha deve-se ao facto de as conclusões serem facilmente generalizáveis às demais categorias de trabalhadores da Administração. Com efeito, todo o funcionário público é agente administrativo e todo o agente administrativo é agente da Administração. Por isso, qualquer conclusão sobre o funcionário público é, em muitos campos, aplicável, com pouca margem de erro, aos restantes trabalhadores da Administração.

e) **Sistematização**

O presente tema impõe uma determinada sistematização das matérias que com ele se relacionam.

Desde logo, no primeiro capítulo, o tema impõe, como questão prévia, o estudo do âmbito da LT, bem como a aplicabilidade das regras e institutos do direito privado nas relações jurídicas de emprego público.

Em segundo lugar, impõe-se o estudo separado das relações jurídico--privadas de emprego público, nomeadamente o seu conceito e estrutura, a sua tipologia e o seu regime jurídico; esta separação distingue estas relações privadas das relações de emprego público na função pública, tema este objecto de tratamento no capítulo terceiro.

---

[40] Sobre o direito aplicável e foro competente, vide MACHADO, Baptista. *Direito Internacional Privado*. Almedina, Coimbra, pgs. 237 e ss. Insiste-se para o facto de, p.e., em Direito Internacional Privado, o foro competente para decidir uma questão ter de aplicar direito estrangeiro. Daí que não se possa dizer, no plano interno, que a relação entre o direito aplicável e foro competente seja necessária, pois num contrato administrativo de provimento as partes podem regular certas questões com recurso a direito laboral comum. Nem com isso o TA deixará de ser competente. Pelo que, é de discordar com as constantes posições do TA, de que quando uma determinada situação é regulada pelo Direito Privado a competência para julgar os correspondentes litígios é do foro comum, pois tal situação pode, apesar disso, ter uma natureza pública.

Esta separação entre situações jurídico-privadas de emprego público e relações jurídico-públicas de emprego público resulta do facto de ambas constituírem espécies de relações de emprego público, obviamente na Administração. Todavia, apesar dessa separação entre relações privadas de emprego público e relações públicas de emprego público, em ambos os casos o objectivo essencial é estudar o regime da aplicação da LT nas relações jurídicas de emprego público de que aquela separação apresenta apenas as respectivas espécies.

Por último, problematiza-se a questão da laboralização do emprego público, com vista a perspectivar os caminhos que a revisão da LT e do EGFE pode trilhar. Por outro lado, a problematização pretende discutir a sobrevivência do modelo clássico do emprego público ao Estado Social, sendo também de estudar os efeitos dessa privatização do emprego público sobre o modelo do Estado social.

A leitura do presente trabalho permite identificar duas partes fundamentais, que se encontram implícitas na sua estrutura. A primeira parte do trabalho corresponde ao tema da utilização do contrato de trabalho na Administração Pública. A outra parte implícita é referente ao tema da influência mútua entre o regime laboral comum e o regime da função pública. Estas duas partes seriam as hipóteses de trabalho à pergunta de saber como poderá a Lei do Trabalho ser chamada a regular uma situação jurídica de emprego público. Não foi abandonada nem a sistematização atrás referida nem esta pergunta de investigação, pois, como se disse atrás, embora o trabalho tenha ficado com uma estrutura que permitisse a inclusão de aspectos gerais relacionados com o tema de emprego público, elas continuam implícitas.

CAPÍTULO I
Âmbito de Aplicação da Lei e do Direito do Trabalho

> **Razão de sequência: 1.1.** Da LT e definição do seu objecto. **1.2.** A extensão do âmbito de aplicação da LT ao emprego público. **1.3.** A aplicação dos princípios do Direito do Trabalho nas Relações de Emprego Público. **1.4.** Os fundamentos constitucionais da aplicação do regime laboral comum às relações de emprego público. **1.5.** Considerações finais sobre o primeiro capítulo.

1.1. Da LT e definição do seu objecto

Parece inútil fazer a apresentação da LT, bem como do seu objecto. Todavia, não se deve deixar de vista duas situações que têm que ver com a problemática do regime laboral comum. A primeira, que é uma situação de matriz metodológica, relaciona-se com o facto de ser no âmbito da aplicação da LT que se legitima ou deslegitima o presente estudo; a segunda, referida pelo Prof. MENEZES CORDEIRO, é que não se deve confundir o direito do trabalho com a LT. Para o ilustre Professor, o Direito do Trabalho "não se confunde com um hipotético conjunto de normas directa ou indirectamente aplicáveis a esse fenómeno"[41] de trabalho subordinado. Isso é relevante para o tema, pois a possível remissão para uma norma

---

[41] MENEZES CORDEIRO, António. *Manual do Direito do Trabalho. Dogmática básica e princípios gerais; direito colectivo do trabalho; direito individual do trabalho.* Almedina, Coimbra, 1997, Reimpressão, pg. 17.

laboral comum não deve ser tida como aplicação pura e simples do Direito do Trabalho ao emprego público.

Neste sentido, pode dizer-se que a LT é o conjunto sistematizado de normas jurídicas que regulam a constituição, conteúdo, modificação e extinção das relações jurídicas de trabalho. Com efeito, a lei "define os princípios gerais e estabelece o regime-quadro aplicável às relações individuais de trabalho"[42]. Como se pode ver da letra da lei, ela não tem a pretensão de regular todos os aspectos do fenómeno do trabalho, mas tão somente fixar o regime jurídico aplicável às situações de trabalho subordinado.

Segundo dispõe a própria lei, ela tem por objecto fixar o regime-quadro das relações individuais (**a**) e relações colectivas de trabalho (**b**).

a) *Relações individuais de trabalho*

Sob a epígrafe de "relações individuais de trabalho", o capítulo II da LT define, no artigo 5, a figura de contrato de trabalho[43] como "o acordo pelo qual uma pessoa, trabalhador, se obriga a prestar a sua actividade a outra pessoa, entidade empregadora, sob a autoridade desta mediante remuneração"[44].

Apesar do capítulo em referência estar epigrafado com o título de «relações individuais de trabalho», a definição que apresenta é do contrato de trabalho; não porque a definição da relação individual de trabalho, bem como a do contrato de trabalho sejam imprescindíveis; mas serve como ponto de partida[45]. A lei refere-se ao facto de alguém assumir, através de um acordo, a obrigação de realizar uma prestação – a actividade a que se obriga a realizar –, sendo por isso verdade que a obrigação assumida seja um efeito do referido acordo; é ainda efeito desse acordo a remuneração devida como contrapartida da prestação, conforme decorre da expressão "mediante remuneração".

---

[42] Artigo 1 da LT.
[43] Sobre a noção do contrato de trabalho, vide ROMANO MARTINEZ, Pedro. *Direito do Trabalho,* cit., pgs. 273 e ss.
[44] N.º 1 do artigo 5 da LT.
[45] ROMANO MARTINEZ, Pedro. *Direito do Trabalho,* cit., pg. 274.

É lícito, portanto, concluir que o acordo entre o trabalhador e a entidade empregadora (materializado pelo contrato de trabalho) é o facto gerador das obrigações que vinculam as partes. É por isso que "o contrato de trabalho é um negócio causal, porque as obrigações das partes estão na dependência de uma causa"[46].

Todavia, um acordo não se confunde com as obrigações que ele cria, isto é, o contrato de trabalho é a causa (facto jurídico) dos direitos e deveres das partes. Ele faz nascer "uma relação jurídica que consiste num conjunto de direitos subjectivos e de deveres ou sujeições, quando tais direitos e deveres ou sujeições advêm de um mesmo facto jurídico"[47]. Distingue-se, por isso, e por vezes, o contrato de trabalho da relação laboral[48]. Quando se trata de relações jurídicas de trabalho, "o seu conteúdo é integrado por um conjunto de direitos e deveres assumidos pelo trabalhador e pelo dador de trabalho, por efeito de um certo facto jurídico – *o Contrato individual de trabalho*"[49].

Para além das relações jurídicas derivadas do acordo materializado pelo contrato individual de trabalho, a LT inclui no seu objecto as relações de trabalho que resultam de um acordo tácito entre o trabalhador e a entidade empregadora. A LT refere-se a este tipo de relações de trabalho nos seguintes termos: "a relação jurídico-laboral presume-se existente pelo simples facto de o trabalhador estar a executar uma determinada actividade remunerada com conhecimento e sem oposição da entidade empregadora"[50].

Salvo melhor opinião, tais relações assumem a natureza própria de acordos tácitos, pois integram-se na previsão do n.º 2 do artigo 217 do Código Civil, nos termos do qual "o carácter formal da declaração não impede que ela seja emitida tacitamente, desde que a forma tenha sido observada quanto aos factos de que a declaração se deduz". Com efeito, a lei exige que a relação de trabalho seja constituída através de um acordo formal – o contrato de trabalho – que deve obedecer aos requisitos estabelecidos no artigo 7 da LT. É indiscutível que o facto gerador

---

[46] ROMANO MARTINEZ, Pedro. *Direito do Trabalho,* cit., pg. 281.
[47] MONTEIRO FERNANDES, António Lemos. *Direito do Trabalho,* cit., pg. 178 *Apud* MANUEL ANDRADE, *Teoria Geral da Relação Jurídica,* reimpressão, Coimbra, 1963, pg. 4.
[48] ROMANO MARTINEZ, Pedro. *Direito do Trabalho,* cit., pg. 274.
[49] MONTEIRO FERNANDES, António Lemos. *Direito do Trabalho,* cit., pg. 178.
[50] Artigo 5, n.º 2 da LT.

da relação jurídica de trabalho é o contrato de trabalho; mas isso não impede, todavia, que ao facto da incorporação do trabalhador, isto é, ao início da relação factual de trabalho, devam ser atribuídos importantes reflexos na fisionomia daquela relação jurídica[51]. Um desses reflexos, que a lei atribui à incorporação do trabalhador na organização funcional da empresa, com a consequente prestação de trabalho remunerado, é a presunção da existência de uma relação jurídico-laboral.

A actividade laboral ou prestação é realizada, segundo a lei, pelo trabalhador sob autoridade da entidade empregadora. Segundo o *Dictionaire Universel*, autoridade é *"pouvoir de commander, de obliger à quelque chose"*, ou seja, a capacidade de traçar e impor a conduta alheia. Esta autoridade, porque legal, deve ser correspondida com a necessária obediência por parte do seu destinatário, desde que exercida dentro dos limites legais.

Segundo MONTEIRO FERNANDES, para que se reconheça a existência de um contrato de trabalho, é fundamental que, na situação concreta, ocorram as características de subordinação jurídica por parte do trabalhador"[52]. E esta "consiste numa relação de dependência necessária da conduta pessoal do trabalhador na execução do contrato face às ordens, regras ou orientações ditadas pelo empregador, dentro dos limites do mesmo contrato e das normas que o regem"[53]. A referida actividade ou prestação é realizada, segundo a lei, pelo trabalhador sob autoridade da entidade empregadora. Isto implica que o trabalhador receba instruções e ordens, bem como esteja sujeito ao poder disciplinar do empregador[54].

Em se tratando de situações jurídicas de emprego público, o vínculo de subordinação ocorre com maior intensidade, uma vez que a actividade prestada é realizada com vista à realização do interesse público. O escopo da situação de emprego público determina que "o grau de dependência em que o trabalhador público se encontra perante o ente empregador é muito maior do que na relação de trabalho de natureza privada"[55].

---

[51] MONTEIRO FERNANDES, António Lemos. *Direito do Trabalho*, cit., pg. 181.
[52] MONTEIRO FERNANDES, António Lemos. *Direito do Trabalho*, cit., pg. 131.
[53] MONTEIRO FERNANDES, António Lemos. *Direito do Trabalho*, cit., pg. 131.
[54] ROMANO MARTINEZ, Pedro. *Direito do Trabalho*, cit., pg. 146.
[55] LOURENÇO, José Acácio. *As relações trabalho nas empresas públicas,* cit., pg. 46.

Todavia, é de referir que os fenómenos jurídicos não se esgotam no conceito da relação jurídica. Com efeito, o estudo dos fenómenos jurídicos não se deve cingir apenas à relação jurídica, pois muitos outros aspectos da vida jurídica não são abrangidos por este paradigma. Com efeito, alguns fenómenos que interessam ao próprio Direito do Trabalho resultam de simples posições jurídicas em que os sujeitos de direito se encontram por simples permissão normativa. O simples facto de se estar perante tal situação de facto, normativamente prevista, já é relevante para o Direito, independentemente de tal situação se poder ou não encaixar no conceito de relação jurídica.

Uma vez que o conceito de relação jurídica de trabalho é pouco abrangente, por não esgotar todos os fenómenos laborais, a noção de "situação jurídica" é mais apropriada, pois contempla não só as relações jurídicas que se estabelecem no âmbito do Direito do Trabalho, mas também outras realidades dificilmente reconduzíveis ao conceito de relação jurídica[56]. No emprego público, o acto de nomeação de um funcionário não tem um carácter contratual, é sim um acto-condição, em virtude do qual se coloca o funcionário na situação legal e regulamentária, desde que a nomeação seja aceite através da posse[57].

b) *Relações Colectivas de Trabalho*

No seu artigo primeiro, a LT chama a si a fixação do regime-quadro das relações colectivas de trabalho, constituindo assim seu objecto, ao lado das relações individuais de trabalho. A esfera destas está envolvida por uma coroa de fenómenos colectivos dotados de enorme relevância social e que, perante o Direito, assumem o duplo significado de objecto e fonte de normas jurídicas.[58]

No quadro do emprego público, a colectivização das relações constitui um novo desafio; a negociação colectiva, como fonte normativa, pode balancear a natureza estatutária do regime do emprego público mediante

---

[56] Neste sentido vide por todos o Prof. ROMANO MARTINEZ, Pedro Romano. *Direito do Trabalho*. Almedina, Coimbra, 2002, pgs. 105 e ss.

[57] PALOMAR OLMEDA, Alberto. *Derecho Administrativo II. Parte Especial. La Función Pública.* 12.ª edição actualizada, pg. 321.

[58] MONTEIRO FERNANDES, António Lemos. *Direito do Trabalho*. cit., pg. 595.

a sua aceitação como processo de consulta e participação dos cidadãos na tomada de decisões que lhes dizem respeito. Esta é a posição do quadro legal introduzido pelo Decreto n.º 30/2001, de 15 de Outubro, que aprova as normas de funcionamento dos órgãos e serviços da AP.

É por isso que o estudo das relações colectivas de trabalho, no campo das relações jurídicas de emprego público, assume muita importância, uma vez que no ordenamento jurídico moçambicano não existe, nesta matéria, legislação específica aplicável à função pública. Historicamente, sobretudo na função pública, tanto a sindicalização como a negociação colectiva e a greve foram sempre tratadas como tabu. A ditadura do proletariado, própria do socialismo, não deixava nenhum espaço às relações colectivas de trabalho, pois, teoricamente, a classe social dos trabalhadores dirigia os destinos do país.

A entrada em vigor da CRM de 90, com as últimas alterações introduzidas em 2004[59], enformada pelos princípios de democracia e de protecção dos direitos humanos, veio consagrar direitos fundamentais dos trabalhadores[60], sem distinguir entre trabalhadores públicos e privados. Por isso, o estudo da aplicação da lei de trabalho nas relações de emprego público tem especial relevância no âmbito dos direitos fundamentais dos trabalhadores públicos, na medida em que não é pacífico afirmar que, porque o regime da função pública nada diz a esse respeito, esta camada de trabalhadores não poderá exercer os seus direitos fundamentais.

Infelizmente, foi isso o que sucedeu quando a Comissão Instaladora do Sindicato Nacional da Função Pública quis materializar a sua acti-

---

[59] Discute-se ultimamente se o país tem uma nova Constituição ou se se mantém a de 90 com alterações de 2004. Sem pretender entrar nesse debate, mas tão somente assumir uma posição sobre o tema, parece mais lógico defender que se mantém a Constituição de 90, pois os seus princípios fundamentais não foram alterados. Portanto, tratou-se de uma mera revisão àquela Constituição.

[60] Ao lado da dimensão subjectiva, reconhece-se agora aos direitos fundamentais uma dimensão objectiva. Deles pode, com efeito, ser feito um bom ou mau uso, não só do ponto de vista do seu titular, mas sobretudo em face do conjunto da sociedade (...)

Tal implica, não apenas o reconhecimento de uma função social dos direitos fundamentais, até aí vistos como absolutos, como também extensão da eficácia destes direitos ao domínio do direito privado, aspecto com particular relevância para o Direito do Trabalho. *In* NUNES ABRANTES, José João. *Estudos de Direito do Trabalho*. AAFDL, 2.ª edição, Lisboa, 1992, pg. 60.

vidade, pois foi confrontada com a ausência de uma legislação específica para o efeito. A saída encontrada foi a celebração de um protocolo com o Governo em que as partes se comprometiam a desenvolver legislação específica, o que significa que o exercício do direito foi adiado *sine die*.

A hipótese que o presente trabalho pretende explorar é, justamente, a transposição do regime da LT e dos princípios do Direito do Trabalho para as relações jurídico-laborais de emprego público, *maxime* as dos funcionários do Estado.

1.2. A extensão do âmbito de aplicação da LT ao emprego público

A questão da aplicação da LT às relações de emprego público tem que ver, em parte, com o problema do âmbito de aplicação do regime laboral em vigor. Com efeito, aplicar a LT no emprego público depende, em parte, do facto de a própria lei se considerar aplicável a tais relações, matéria do próprio âmbito da aplicação da referida lei.

A aplicação do regime laboral comum no emprego público não constitui nenhuma tentativa de forçar a sua intromissão num domínio que lhe é estranho, pois o âmbito da LT inclui as relações jurídicas de trabalho na Administração Pública. Por isso, a problemática da utilização do contrato de trabalho na Administração Pública, bem como a transposição da LT às relações de emprego público reguladas pelo direito público é, em princípio, objecto da regulação da LT, quer em termos de inclusão quer em termos de exclusão.

O fenómeno da privatização das relações jurídicas da administração pública não é novo e nem é exclusivo das relações laborais. Este fenómeno situa-se no contexto da chamada "privatização intermédia" da AP, que se traduz na atribuição ao Estado de formas ou instrumentos privados, ou seja, transforma-se o mecanismo jurídico-económico em que o Estado se auto-atribui o regime jurídico comum ou se coloca numa posição idêntica à dos particulares[61].

---

[61] ESTORNINHO, Maria João. *A Fuga para o Direito Privado. Contributo para o estudo da actividade privada da administração pública*. Colecção teses, Almedina, Coimbra, 1999, pg. 16.

Portanto, se o âmbito de aplicação da lei de trabalho considerar que o regime por esta estabelecido é transponível para as relações de trabalho entre a Administração e seus trabalhadores, corresponderá isso à fixação do domínio da aplicação da própria lei, usada pela Administração nas suas relações laborais.

À primeira vista, a fixação do âmbito de aplicação da LT pareceria uma actividade fácil, mas a conjugação de várias disposições da lei suscita problemas. Vejam-se, p. e., as disposições seguintes:

O n.º 1 do artigo 2 da LT dispõe que "a presente lei aplica-se às relações jurídicas de trabalho estabelecidas entre as entidades empregadoras do sector estatal...". Desde logo, importa fixar o sentido da expressão «sector estatal», pois, como é sabido, o sector estatal é composto por vários entes e órgãos que constituem relações de trabalho com seus trabalhadores, *maxime* o Aparelho do Estado.

Considerando que a LT regula relações de trabalho estabelecidas entre empregadores e trabalhadores, pode dizer-se que o sector estatal refere-se às instituições empregadoras do Estado. A Comissão da Reforma da Administração Pública (CIRESP) define o sector público como "conjunto de instituições e agências que, sendo directa ou indirectamente financiadas pelo Estado, têm como objectivo final a provisão de bens e serviços públicos"[62]. Incluem-se aqui tanto as instituições que garantem a Administração directa[63] do Estado, como as que asseguram a Administração indirecta do Estado.

Assim sendo, poder-se-ia dizer, em princípio, que a LT tem o seu âmbito de aplicação em toda a Administração Pública. Este é também o entendimento do próprio legislador laboral, pois, reconhecendo esta extensão da LT ao domínio de todas as relações de trabalho na Administração, apressou-se logo a esclarecer que, apesar de a lei laboral ter o seu âmbito de aplicação extensivo às relações de emprego público, "as relações jurídicas de trabalho dos funcionários do Estado são reguladas por estatuto

---

[62] In *Estratégia Global da Reforma do Sector Público*, 2001-2011. *Comissão Interministerial da Reforma do Sector Público* (CIRESP), Maputo, 2001, pg. 8.

[63] A Administração directa, também designada de administração governamental, é exercida pelo Governo e pelos funcionários que lhe são imediatamente dependentes. Classifica-se em Central e local. Zanobini, Corso. *Apud* CRATELLA JUNIOR, J.. *Dicionário de Direito Administrativo*. 3.ª edição Revista e aumentada, Forense, Rio de Janeiro, 1978.

específico"[64]. Neste sentido, o âmbito de aplicação da LT, no que diz respeito às relações de trabalho na Administração, não é, em princípio, extensivo aos funcionários do Estado na medida em que para eles vigora um regime específico.

Todavia, a conjugação das disposições constantes do n.º 3 do artigo 2 e do artigo 3, ambas da LT, parece esbater aquela conclusão. Com efeito, nos termos do artigo 3 da LT, "as relações de trabalho doméstico, ... e outros sectores cujas actividades requeiram regimes especiais são regulados pela presente lei em tudo o que se mostrar adaptado à sua natureza e características particulares". Se, por um lado, o n.º 3 do artigo 2 da LT parece excluir as relações jurídicas de trabalho dos funcionários do Estado do âmbito de aplicação da LT, por outro, o artigo 3 da mesma lei parece voltar a alargar este âmbito para aquelas relações que, nos termos do citado n.º 2, estariam fora do jugo da lei laboral.

Na verdade, ao remeter o regime da função pública para um estatuto específico, o legislador não define a posição jurídica deste regime em face da lei laboral. Em se tratando de um regime especial, a LT poderia ser aplicada aos funcionários do Estado "em tudo o que se mostrar adaptado à sua natureza e características particulares". Mas, mesmo que esta fosse a posição definitiva sobre o problema, ficaria ainda por definir se tal aplicação da LT às relações de trabalho dos funcionários do Estado seria directa ou subsidiária, problema este que será tratado em capítulo específico.

Não é líquida e isenta de críticas a conclusão de que o regime jurídico da função pública tem para com a LT uma relação de espécie e género. Mas, para o presente capítulo importa estabelecer o âmbito de aplicação da LT nos termos em que o artigo 2, n.º 1 o define.

Não repugna, portanto, afirmar que, teoricamente, a LT se aplica às relações em que o Estado entra, directa ou indirectamente, como entidade empregadora. Com efeito, conjugando os preceitos legais acima citados, é líquida e defensável a tese de que o âmbito de aplicação da LT abrange as situações jurídico-laborais de emprego público, podendo regular matérias deste tipo de relações.

---

[64] Artigo 2, n.º 3 da LT.

Porém, convém, desde já, prevenir para o facto de que a aplicação da LT a este tipo de relações depende da verificação de determinadas condições, cuja análise se torna pertinente fazer.

Neste sentido, como questão prévia, importa, desde já, avançar a conclusão preliminar de que a transposição da LT para as relações de emprego público é teórica e legalmente possível. Teoricamente, o problema da aplicação da lei de trabalho às relações de emprego público relaciona-se com a questão da *"autonomie du droit administratif, transposition et recepcion du droit privé"*, onde se entende que casos há em que a regra do direito administrativo não é diferente da do direito privado em termos de seu conteúdo, na medida em que, em tais casos, o legislador ou o próprio juiz administrativo estima que as exigências da vida administrativa, em determinadas matérias, são análogas às do direito privado[65]; mas o recurso à analogia das situações não poderá ser reputado como aplicação directa do regime privado, pois há que assegurar a autonomia do direito administrativo, i.e., a aplicação de tais normas nem sempre é directa, pois, em alguns casos, só é possível através do recurso a princípios de origem privada.

Em termos legais, a transposição da LT para as relações de emprego público é, por um lado, permitida pelo regime do âmbito de aplicação da própria LT e, por outro, por força do artigo 3 da mesma lei, sempre que o regime laboral comum "se mostrar adaptado à sua natureza e características particulares" destas relações.

No direito português, parece que a questão da aplicação do regime laboral às relações de emprego público levantou-se, em parte, no que diz respeito ao âmbito de aplicação pessoal do CT. Com efeito, entende a doutrina que o artigo 6 do Diploma preambular do CT, ao ter permitido que as suas normas fossem adaptadas para os contratos de trabalho celebrados pelas PCP's, estaria a abrir as portas à utilização das regras laborais no emprego público. Parece, por isso, que o referido preceito estende o âmbito do CT ao domínio das relações de trabalho na AP, representadas pelas PCP's, embora reconheça que as suas normas não podem ser

---

[65] Disso é exemplo o legislador português que, em matéria de sindicalismo, faz a transposição do regime laboral comum para a função pública, ainda que com as necessárias adaptações. Em tal caso, o legislador, no seu prudente arbítrio, reconhece que as exigências do sindicalismo nas relações laborais privadas são análogas às dos funcionários públicos.

objecto de uma pura e simples aplicação aos trabalhadores da administração, devendo a sua aplicação ser precedida da necessária adaptação[66].

A referida adaptação, no direito português, foi feita com a aprovação de um regime próprio que regula o contrato de trabalho na Administração Pública, através da Lei n.° 23/2004, de 22 de Junho. Tratou-se não só de uma mera adaptação das normas do CT ao contrato de trabalho na AP, mas da elaboração de um regime totalmente novo, no quadro da função pública em sentido amplo, e que pretendeu conciliar princípios fundamentais do domínio laboral e preservar a natureza do contrato objecto desta lei com princípios fundamentais da actividade do Estado e da função pública em sentido amplo, independentemente da natureza do vínculo que title o desempenho dessa actividade[67]. A necessidade de adaptação das normas laborais e mesmo a criação de um novo regime para a transposição das normas laborais no direito português, parte da especificidade das funções do Estado e, em geral, da própria Administração Pública. É por isso que, "perante a opção entre um regime unitário e a aplicar imediatamente ou um regime dicotómico, que assume a convivência de regimes, a solução escolhida foi a segunda"[68].

O regime jurídico sul-africano foi mais ousado em relação ao âmbito de aplicação do regime laboral. Ao pretender privatizar as relações de emprego na Administração Pública – as relações de trabalho dos *civil servants* – o legislador sul-africano partiu da qualidade do Estado como empregador. Neste mesmo sistema, que também já foi dicotómico, no sentido de que "*the public service and education sector were traditionally excluded from [the] labor legislation. During 1993 two acts were passed giving these sectors access to trade unionism and collective bargaining...however, since the State is now by definition an employer, these sectors accordingly come within the ambit of the Labor Relations Act, 1995*[69].

Portanto, o regime sul-africano, que começou por uma privatização do regime do *public service,* mediante a incorporação dos institutos do

---

[66] PALMA RAMALHO, Maria do Rosário. *O contrato de trabalho na Reforma da Administração Pública,* cit., pg. 125.

[67] PALMA RAMALHO, Maria do Rosário. *O contrato de trabalho na Reforma da Administração Pública,* cit., pg. 131.

[68] PALMA RAMALHO, Maria do Rosário. *O contrato de trabalho na Reforma da Administração Pública,* cit., pg. 131.

[69] BASSON, Cristianson/GARBERS, Le Roux/MISCHKE, Strydom. *Essential Labour Law.* Volume 1. *Individual Labour Law.* LLP. Cape Town, 2002. 3rd Edition, pg. 98.

direito privado – a sindicalização e a negociação colectiva – optou por um regime unificado, aplicando-se a mesma lei aos trabalhadores do sector privado e do sector público. Este regime unificado é uma nova etapa da privatização das relações de trabalho na Administração Pública, pois mesmo nos sistemas da *common law,* de que o regime sul africano faz parte, os *civil servants* ou *public employees* sempre tiveram um tratamento específico. No caso britânico, por exemplo, os trabalhadores da coroa não eram considerados trabalhadores no sentido estrito do termo, pois não estão vinculados por um contrato, mas sim pela lealdade à coroa. Todavia, mesmo neste regime, há um registo cada vez maior de um movimento que tende a aproximar os trabalhadores públicos e privados[70].

Por isso, convém deixar patente a ideia de que as perplexidades de osmose entre o direito privado e o direito público, em matéria laboral, não são privativas dos sistemas administrativos executivos. Mesmos nos sistemas da *common law* debatem-se os mesmos problemas. O regime sul-africano foi, em relação a todos, mais ousado, ao unificar definitivamente os dois regimes sem ter em conta as especificidades das funções públicas, mas unicamente pelo reconhecimento de que o Estado é um empregador, com o consequente abandono da concepção clássica da natureza não patrimonial do emprego púbico[71]. No direito inglês, o movimento em direcção à equiparação dos dois tipos de trabalhadores continua.

Mas, porque esta unificação é recente, há que esperar para ver se as exigências do interesse público, que determinaram inicialmente a submissão do sector público a um regime específico, não terão implicações sobre esta opção. Com efeito, o regime mudou, mas as razões que determinavam a submissão do facto social regulado – o emprego público – continuam as mesmas, pois, apesar de sujeita ao direito privado, a relação continua posta ao serviço do interesse público.

---

[70] BOWERS, John & HONEYBALL, Simon. *Text Book on Labour Law.* BLACKSTONE PRESS Ltd. Uk, London, 6th Edition, pgs. 26 a 28.

[71] Sobre a concepção não patrimonial da relação de emprego público, vide: LIBERAL FERNANDES, Francisco. *Autonomia Colectiva dos Trabalhadores da Administração,* cit., pgs. 101 e ss.

1.3. A aplicação dos princípios do Direito do Trabalho nas Relações de Emprego Público

A aplicação do Direito do Trabalho nas Relações de Emprego Público consiste na utilização, sobretudo, dos princípios e principais instituições deste ramo do Direito nas relações de trabalho estabelecidas entre a Administração Pública e os particulares. Ela não se confunde com a mera aplicação das normas da LT neste tipo de relações, pois poderia ser possível que as normas da LT fossem aplicadas por mera remissão sem que as regras do ramo de direito a que pertencem fossem aplicadas. Aliás, o Direito do Trabalho "não se confunde com um hipotético conjunto de normas directa ou indirectamente aplicáveis a esse fenómeno"[72] de trabalho subordinado.

Sabe-se que no campo do direito privado, a que pertence o Direito do Trabalho, vigora o princípio da igualdade e liberdade enquanto que, normalmente, nas relações jurídicas públicas vigora o princípio da autoridade e competência[73]. Ainda que não seja esta a sede para levantar o problema, importa referir que se for de admitir que as relações jurídicas de emprego público, *maxime* a dos funcionários públicos se regem por um regime excepcional e não por um regime especial, não seria defensável a ideia de aplicação das regras do direito do trabalho neste tipo de relações.

A problemática da aplicação das regras do Direito de Trabalho nas relações de emprego público prende-se com o objecto deste ramo do Direito Privado. Sobre esta matéria, MONTEIRO FERNANDES afirma que "do objecto do Direito do Trabalho estão também excluídas as relações jurídico-públicas, com especial relevo para as que se estabelecem entre o Estado e os funcionários públicos. A fisionomia geral dessas relações pode desenhar-se pelos seguintes traços: natureza pública do ente, correlação das funções com os fins institucionais do mesmo ente, continuidade da prestação, pré-determinação da retribuição, subordinação hierárquica"[74].

Para MENEZES CORDEIRO, "os particulares que sejam sujeitos em situações jurídicas laborais têm, por isso, deveres específicos de tipo admi-

---

[72] MENEZES CORDEIRO, António. *Manual de Direito do Trabalho. Dogmática Básica e Princípios gerais, Direito colectivo do trabalho e Direito Individual do trabalho*. Almedina, Coimbra, 1999, Reimpressão, pg. 16.
[73] MENEZES CORDEIRO, António. *Manual do Direito do Trabalho*, cit., pg. 62.
[74] MONTEIRO FERNANDES, António Lemos. *Direito do Trabalho*, cit..

nistrativo. Todo o Direito das condições de trabalho corre o risco de, materialmente, ser Direito administrativo"[75].

Mas, será que isso impede a aplicação dos princípios do Direito do Trabalho no campo das situações de emprego público? A resposta é afirmativa e já foi dada em termos de se considerar aceitável a aplicação de princípios de direito privado no direito administrativo, aliás a forma mais comum de transposição do direito privado para o direito público como forma de preservar a autonomia do Direito Administrativo.

O Preâmbulo do Decreto n.° 14/87 de 20 de Maio, que aprova o Estatuto Geral dos funcionários do Estado, afirma a dado passo que "tendo em conta os princípios fundamentais definidos pela LT, se elaborou o Estatuto Geral dos Funcionários do Estado". Há aqui uma primeira deixa que ajuda na prospecção do tema, na medida em que a própria lei que rege o tipo de relações de trabalho público submetidas ao direito público, a dos funcionários públicos, admite que os princípios fundamentais definidos pela LT constituem a fonte da sua inspiração.

Este problema da aplicação das instituições do direito do trabalho nas relações de trabalho é rico em consequências para a vida laboral dos funcionários do Estado, sobretudo no contexto moçambicano em que o regime da função pública foi aprovado sob orientação de uma Constituição de inspiração socialista, com forte primazia do colectivo sobre o particular. Se em Direito Administrativo é comum o entendimento de que a prossecução do interesse colectivo não pode ser à custa do aniquilamento dos direitos e interesses dos particulares[76], também não é menos verdade a concepção de que "embora a configuração exterior do vínculo de emprego público apresente notória similitude com a da relação jurídico-privada de trabalho – o trabalhador coloca ao dispor de outrem a sua aptidão laboral, pelo que é retribuído, ficando sujeito a uma autoridade hierárquica no exercício da actividade – assume nela um particular relevo a natureza dos interesses ou fins prosseguidos pela entidade empregadora, na medida em que a prestação de trabalho lhes está instrumentalmente cingida"[77]; decorrendo daqui uma certa "legitimação" da limitação dos direitos individuais e colectivos dos trabalhadores públicos. Só com a aplicação dos

---

[75] MENEZES CORDEIRO, António. *Manual do Direito do Trabalho*. 1999, cit., pg. 29.

[76] HARGER, Marcelo. *O processo administrativo e a reforma in pejus* Actualidades. Revista Electrônica. Editora Forense. www.editoraforense.com.br (30/12/2003), pg. 2.

[77] MONTEIRO FERNANES, António Lemos. *Direito do Trabalho*, cit., pg. 51.

princípios e institutos do oriundos do direito laboral[78], é que se pode atenuar a rigidez e o desfasamento do regime público com a Constituição vigente, enformada por princípios dos direitos fundamentais e da valorização da personalidade individual.

A propósito desta matéria, ANDRÉ DE LAUBADÈRE entende que *"le principe est ici no-aplication des dispositions du droi de travail, et notamment celles regroupées par le code du travail, aux agents des administrations publiques régis par le droit public. Toutefois le code du travail contient quelques dispositions directment applicables aux agents publics.*

Sourtout la jurisprudence a utilizé ici la technique de la reference aux principes qui sont à l'origine de dispositions legislatives de droit privé pour en faire application aux agents publics"[79].

Cabe agora visitar alguns princípios e institutos do direito laboral para ver se têm acolhimento nas relações de trabalho do direito público. Só assim é que se pode obter uma resposta sobre a aplicação do direito do trabalho nas relações de trabalho de emprego público. A escolha dos princípios, para além de atender à importância que os mesmos têm na caracterização ou demarcação dos regimes jurídicos privado e públicos, baseia-se fundamentalmente na ideia da sua potencial conflitualidade com a concepção estatutária do emprego público[80].

Em resumo, seguindo a sistematização de LIBERAL FERNANDES, referir que a concepção clássica do emprego público nega qualquer paralelismo entre o emprego público e o emprego privado, pois no emprego público a relação de emprego baseia-se nomeadamene na estrutura hierarquizada da AP, que impõe uma dependência hierárquica do funcionário, bem com nos pressupostos da integração deste na organização da própria AP, negando-se-lhe, assim, qualquer autonomia perante esta, na natureza do agente como órgão da AP e, por último, pela negação do carácter patrimonial da relação de emprego público.

Daí que, quando se encara o emprego público na sua concepção clássica e estutária, vários princípios do Direito do Trabalho se tornam potencialmente conflitantes. É o caso da liberdade de escolha da profissão

---

[78] VEIGA E MOURA, Paulo. *Função Pública*, cit., pg. 19, nota de roda pé n.º 22.

[79] LAUBADÈRE, André de/VENEZIA, Jean-Claude/GAUDEMET, Yves. *Traité de Droit Administratif*. Tome 2. L.G.D.J. Paris, 1995, 10e édition, pg. 52.

[80] Vide IV.5, para mais desenvolvimentos sobre a concepção estatuária da relação de emprego público.

(a) – esta pode ser imposta em nome do interesse público –, o princípio da igualdade – que contende com a tradicional posição de *ius imperi* conferida à AP (b), o *favor laboratoris* (c) – que, em Direito Administrativo pode levar ao apelo ao princípio da protecção dos direitos adquiridos, o que conflitua com a concepção de que a situação legal do funcionário é normativa, podendo modificar-se em função das variações que o interesse público pode impor. Dir-se-ia, nesse sentido, que a posição do funcionário é impessoal, objectiva, a todo o momento modificável[81].

a) *O princípio da liberdade de escolha de profissão*

O Estatuto Geral dos Funcionários do Estado foi aprovado na vigência do regime socialista, em que o colectivo tinha uma importância relativa sobre o individual, mesmo nos casos em que tradicionalmente deveria dar-se primazia à vontade individual. É disso exemplo o facto de que, até praticamente aos finais da década 80, a colocação dos graduados das classes terminais do nível secundário, era feito de acordo com as necessidades e conveniências do Estado. Donde resulta que algumas gerações de moçambicanos tenham abraçado profissões com que nunca sonharam. Tudo isso porque praticamente o princípio da liberdade de escolha de profissão estava, até certa medida, relegado para segundo plano em relação aos interesses do País.

Mas, mesmo assim, o regime do ingresso na função pública mediante concurso público aprovado pelo EGFE veio atenuar os defeitos da atribuição das colocações profissionais de acordo com as conveniências do Estado; pois a liberdade de participação em concursos públicos de ingresso na função pública constitui um dos corolários da liberdade de escolha da profissão. Todavia, o EGFE contém normas cuja interpretação pode, até certo ponto, pôr em causa, o princípio da liberdade de escolha de profissão.

É o caso da disposição do artigo 13 do Estatuto em referência, cuja interpretação tem criado polémicas, nos termos do qual "por determinação do Presidente da República, do Primeiro Ministro, acordo entre dirigentes

---

[81] CAETANO, Marcello. *Princípios fundamentais do direito administrativo*. Reimpressão da edição Brasileira de 1977, 1.ª Reimpressão Portuguesa. Almedina, Coimbra, 1996, pg. 292.

de órgãos centrais ou decisão do Ministro que superintende na Função Pública, poderão efectuar-se transferências de funcionários de um órgão estatal para o outro, por conveniência de serviço ou para permitir a progressão profissional nos casos em que os quadros de origem já não comportam essa possibilidade"[82].

Por exemplo, no uso dos poderes que aquela disposição lhe confere, o Ministro do Plano e Finanças[83], por Despacho datado de 18 de Setembro de 1998, decidiu transferir cerca de trinta funcionários públicos integrados na carreira aduaneira para a então recém criada unidade do IVA, dentro da Direcção Nacional dos Impostos e Auditoria. No entender dos funcionários transferidos, na fundamentação do seu recurso contencioso, o Despacho do Ministro violou o direito de liberdade de escolha da profissão, pois as carreiras aduaneiras e as do Impostos e Auditoria correspondem a duas profissões diferentes. De facto, o TA deu-lhes razão nesse sentido, ao ter declarado que a referida transferência violou os seus direitos adquiridos, um dos quais é a sua profissão[84].

A Constituição da República ao consagrar no artigo 88 o princípio do trabalho livre, não só proíbe o trabalho forçado, como também acolhe a liberdade de escolha de profissão. Por isso, ainda que o artigo 13 do Estatuto Geral dos Funcionários do Estado permitisse a alteração do objecto da relação de emprego, embora pareça justamente o contrário, o que a norma em referência pretende, pois consagra a protecção dos direitos adquiridos na categoria, não seria permitido que o Estado decidisse unilateralmente, e a título definitivo, pela alteração da ocupação profissional dos funcionários sem o seu consentimento.

Não parece ser muito líquida a posição defendida por José ACÁCIO LOURENÇO quando, a propósito das características de emprego público, afirma que "como se sabe, o objecto de qualquer relação jurídica só pode, em princípio, ser modificado ou extinguir-se, desde que haja acordo entre os respectivos sujeitos... Mas esse princípio já não se aplica à relação de emprego público, ainda quando a respectiva origem é o chamado contrato de provimento, pois aí o ente público empregador, por razões fundadas na conveniência de serviço pode modificar unilateralmente, o respectivo con-

---

[82] Artigo 13, n.º 1 do EGFE.
[83] Por decisão do novo Presidente da República, de 3 de Fevereiro de 05, o Ministério do Plano e Finanças foi extinto, tendo sido substituído pelo Ministério das Finanças.
[84] Acórdão n.º 16/04 da 1.ª secção do TA de Moçambique.

teúdo. Assim, a Administração através da requisição, pode modificar o tipo de actividade correspondente à categoria do trabalhador, impondo-lhe o desempenho de funções qualitativamente diferentes"[85].

Quer parecer, salvo melhor opinião, que o poder de requisição da Administração pública é uma medida conjuntural e não estrutural, ou seja, a ele se recorre quando está em causa socorrer uma determinada situação anómala no funcionamento dos serviços, nomeadamente em caso de greve dos funcionários públicos, doença prolongada, prestação de serviço militar obrigatório. Nestes casos, sendo mister garantir a continuidade do serviço público, que ficaria comprometido com a anormalidade em causa, a Administração Pública, através da requisição, pode, de facto, afectar o funcionário no desempenho de tarefas diferentes das que normalmente desempenha.

A propósito desta matéria, um jurista português escreve numa página da *internet,* o seguinte: "na lógica normativa da situação jurídica de emprego público existem as chamadas figuras de mobilidade, das quais ressaltam a requisição e o destacamento. Correspondem, no essencial e antes de mais, a formas de modificação da relação jurídica de emprego dos funcionários, por referência aos serviços a que se encontram originariamente vinculados. Nesta matéria, o Decreto-Lei n.º 427/89, de 7 de Dezembro (relativo ao regime de constituição, modificação e extinção da relação de emprego na Administração pública), define a requisição e o destacamento como [*o exercício de funções a título transitório em serviço ou organismo diferente daquele a que pertence o funcionário ou agente, sem ocupação de lugar de quadro, sendo os encargos suportados pelo serviço de destino, no caso de requisição*].Caracterizam-se assim estas figuras como formas transitórias de exercício de funções"[86].

Por isso, defende-se que em matéria de relações de emprego público, a requisição pode ter a mesma fisionomia que o *jus variandi*. Alias, é neste campo dos poderes exorbitantes da Administração Pública, nas relações de trabalho com os particulares, que a doutrina se tem insurgido com alguma insistência, pois sendo a relação de trabalho estabelecida entre os dois sujeitos em pé de igualdade, só se pode conceber que as prerrogativas

---

[85] LOURENÇO, José Acácio. *As Relações de Trabalho nas Empresas Públicas*. Dissertação apresentada para o curso de pós-graduação em ciências jurídicas, na Faculdade de Direito de Lisboa, em Outubro de 1981.

[86] ASSIS, Rui. *Mobilidades. Artigo.* Sitio do internet *A Página da Educação.*

de poder público actuem dentro de determinados limites que não sejam considerandos repugnantes.

Na verdade, "a concepção que descreve o servidor como um simples órgão do Estado, desprovido, por conseguinte, de uma esfera de vontade própria" encontra-se ultrapassada mesmo dentro do próprio direito público. Aliás, no ordenamento jurídico moçambicano não seria legalmente concebível que, com carácter definitivo, a Administração decidisse escolher uma nova profissão para o seu funcionário, pois o Decreto n.º 30/2001, de 15 de Outubro, consagra o princípio de protecção dos direitos e interesses individuais. Ora, sendo a profissão um prolongamento da personalidade do indivíduo, ou usando de empréstimo as palavras de MONTEIRO FERNANDES, o profissionalismo como valor inerente à pessoa do trabalhador[87], não há nenhuma razão para supor que as regras de protecção da profissão não sejam igualmente aplicáveis ao pessoal da Administração, pois a Constituição da República, ao consagrar a liberdade de escolha da profissão, proibindo a imposição de actividades profissionais, dirige-se a todos os sujeitos das relações de trabalho, incluindo o próprio Estado[88].

Pelo que, nem o poder de modificação unilateral do conteúdo da relação, através da requisição, pode ir ao extremo de violar os direitos e interesses legítimos do pessoal da administração.

A variante moderna do poder modificativo unilateral do conteúdo da relação, no que diz respeito ao seu objecto, tem que ver com o problema da *flexibilidade funcional* que parece ser o espírito do já citado artigo 13 do Estatuto Geral dos Funcionários do Estado que, sob a epígrafe de 'mo-

---

[87] Para mais desenvolvimentos vide MONTEIRO FERNANDES, António Lemos. *Direito do Trabalho*, cit., pgs. 187 e ss.

[88] A propósito da exclusão dos funcionários públicos portugueses do âmbito dos trabalhadores com direito a subsídio de desemprego, o Tribunal Constitucional português entendeu que "a noção constitucional de trabalhador abrange todo aquele que trabalha ou presta serviço sob autoridade e a direcção de outrem, independentemente da categoria desta (actividade privada ou pública)", artigo disponível no sítio.www.millenniumbcp.pt/site/ conteudos, extraído no dia 18 de Fevereiro de 2005.

Esta situação é idêntica à do princípio da liberdade de escolha de profissão, pois o que a CRM diz é que cada cidadão tem liberdade de escolha. Ora, os funcionários públicos não deixam de ser cidadãos pelo simples facto de estarem vinculados pela relação de emprego público. Pelo menos, isso não decorre da CRM, pois só esta é que pode limitar os direitos fundamentais.

bilidade nos quadros'[89] permite que, por conveniência de serviço ou para permitir a progressão profissional nos casos em que os quadros de origem já não comportam essa possibilidade, o funcionário possa ser transferido de um órgão estatal para o outro, mas sem afectar os direitos inerentes à categoria[90]. Nada autoriza que, com base na citada disposição, a Administração Pública altere o objecto da relação, pois tão somente se limita a permitir a transferência de um órgão para o outro.

A flexibilidade funcional das empresas, que no âmbito da Administração Pública pode enquadrar-se no conceito do princípio da adaptação e melhoria do serviço público, exige que as empresas se adaptem consoante a evolução, sobretudo, tecnológica. Por isso, ao afirmar-se que a variante moderna do poder modificativo unilateral do objecto do contrato é a flexibilidade funcional, pretende-se referir, como afirma ROMANO MARTINEZ, ao facto de que "o direito à categoria não pode constituir uma forma de impedir a adaptação das empresas a novas tecnologias"[91].

Portanto, é justa a conclusão no sentido de que nas relações estabelecidas com os particulares, as prerrogativas de poder público do Estado estão limitados, pois o seu exercício não pode violar os direitos e interesses dos Administrados, neste caso os seus funcionários[92].

b) *O princípio da igualdade*

Jean RIVERO afirma que "à diferença de fins corresponde uma diferença de meios. As relações entre os particulares baseiam-se na igualdade jurídica; nenhuma vontade privada é, por essência, superior a outra em termos de poder impor-se-lhe contra o seu querer, é por isso que o acto que caracteriza as relações privadas é o contrato, ou seja, o acordo de vontades. A Administração, porém, tem de satisfazer o interesse geral. E não o con-

---

[89] Sobre mobilidade na função pública vide por todos. FERNANDA NEVES, Ana. *A mobilidade funcional na Função Pública*. AAFDL, Lisboa, 2003.
[90] N.º 2 do artigo 13 do Estatuto Geral dos Funcionários do Estado.
[91] ROMANO MARTINEZ, Pedro. *Direito do Trabalho*, cit., pg. 442.
[92] Cfr. Artigo 5 Decreto n.º 30/2001, de 15 de Outubro, que aprova as normas de funcionamento dos serviços públicos e citado pelo TA no Acórdão n.º 16/2004-1.ª Secção, a propósito dos limites da capacidade de decisão unilateral da Administração em matéria das relações de trabalho.

seguiria se se encontrasse colocada em pé de igualdade com os particulares: as vontades destes, determinadas por motivos puramente pessoais, poriam a sua em cheque sempre que colocasse em presença os constrangimentos e sacrifícios que o interesse geral exige"[93].

O campo das relações de trabalho não poderia constituir melhor exemplo da tensão permanente entre o interesse individual do trabalhador e o interesse colectivo, sendo por isso comum, nalguma doutrina publicista, a concepção do Estado "como detentor de um poder omnisciente e omnipresente, dotado dos atributos do monarca absoluto, senhor das leis, que paira acima das normas e dos súbditos. Desta concepção do Estado, advém o direito público ancorado no princípio de autoridade, que concebe as relações jurídicas que a Administração tem com os seus empregados como relações de poder, mesmo quando ela opta por estabelecer relações do direito privado inclusive, por sua própria conveniência"[94]. Com efeito, "o facto de o regime do emprego público ser, no fundamental, determinado pela qualidade da entidade soberana da entidade dirigente e o facto de assumir carácter instrumental relativamente à realização do interesse público eliminava os requisitos de forma e de fundo indispensáveis à constituição daquele tipo [contratual]: de forma, porque a relação de serviço tinha origem numa decisão unilateral da autoridade, de fundo, porque a disciplina aplicável era definida, na sua totalidade através da lei ou do regulamento, não havendo, por isso, qualquer espaço para a participação do agente na respectiva elaboração[95].

Portanto, admitindo estes pressupostos teóricos, seria também de aceitar que nas relações de emprego público o princípio de igualdade não vigora. Até porque, parte destas relações de trabalho de emprego público seriam constituídas na base de uma decisão unilateral da administração pública, mediante o acto administrativo de nomeação. Esta é a visão da concepção clássica do emprego público, baseada na ideia de que "a existência de uma posição de supremacia do ente administrativo relativamente aos seus agentes tornava-se incompatível com o recurso

---

[93] RIVERO, Jean. *Direito Administrativo*. Almedina, Coimbra, 1981, pg. 15.

[94] DA SILVA, Cláudio Santos. *Negociação Colectiva no serviço público: um debate actualíssimo*, pg. 1. Artigo disponível na internet pelo mecanismo de busca www.google.com

[95] LIBERAL FERNANDES, Francisco. *Autonomia Colectiva dos trabalhadores da Administração,* cit., pg. 93.

a modelos que pressupunham a paridade, ainda que formal das partes em presença"[96].

Porém, estes pontos de vista doutrinários, até porque expressam o dever ser e não o ser das coisas, não podem ser vistos como verdades absolutas. Com efeito, mesmo nos casos em que a constituição das relações de emprego público é feita através do acto administrativo de nomeação, não faltam posições doutrinárias que consideram ser "inadmissível aceitar que nas relações que o Estado-Administração estabelece com os seus servidores, sejam estes reduzidos a instrumento, só objecto de tutela jurídica em atenção ao interesse colectivo, nunca em consideração à dignidade de sua condição de trabalhador. Com o advento dos princípios constitucionais de protecção e valorização do trabalho humano (artigo 88 da CRM), torna-se precária a explicação da tónica estatal, quando os órgãos do poder público comparecem numa relação que tem por objecto a prestação de serviços, menos ou mais intelectualizados, serviços esses que se prestam às demais empresas e são objecto de tutela jurídica. Além disso, a capacidade jurídica do Estado em tais relações é a de direito privado, o que torna de todo esdrúxula a sua posição *juris imperi,* como tem sido do gosto de acreditada doutrina afirmar"[97].

Neste sentido, não repugna que as relações de trabalho entre o Estado e os particulares, mormente as que se estabelecem de acordo com as regras de direito privado, e não só, estejam submetidas ao princípio da igualdade. Até porque este entendimento encontra eco na lei, pois, por exemplo, o acto administrativo de nomeação só se torna eficaz depois que for aceite pelo particular através da tomada de posse. É o que decorre do disposto no artigo 28 do EGFE, o que significa que o Estado não impõe ao particular a aceitação do cargo. Se assim é, a situação corresponde a uma relação em que as partes agem em pé de igualdade, caso contrário a tomada de posse seria obrigatória.

Portanto, em conclusão, pode dizer-se que nas relações jurídicas de trabalho estabelecidas entre o Estado e os particulares, vigora o princípio da igualdade, independentemente de a relação de trabalho ser dos fun-

---

[96] LIBERAL FERNANDES, Francisco. *Autonomia colectiva dos trabalhadores da Administração,* cit., pg. 93.

[97] DE VILHENA, Ribeiro. *O contrato de Trabalho com o Estado.* São Paulo. Apud. DA SILVA, Cláudio Santos. *Negociação Colectiva no serviço público: um debate actualíssimo.* Artigo disponível na internet pelo mecanismo de busca www.google.com

cionários do Estado ou de outro tipo. Hans Kelsen, citado por Cláudio Santos, no seu artigo intitulado negociação colectiva na administração pública, afirma que "como sujeitos de direitos e deveres, o Estado, assim como as outras pessoas, está sujeito à ordem jurídica. Como sujeito de direitos e deveres, o Estado e o indivíduo estão em nível de igualdade. Segundo MASUCCI, citado por MARIA ESTORNINHO, "um dos traços mais importantes deste século é a transformação da administração pública de *persona* superior (em relação ao particular) em sujeito paritário, reflectindo uma total inovação em face da tradicional lógica autoritária do instrumentarium administrativo"[98].

c) *O princípio do favor laboratoris*

A propósito do princípio do *favor laboratoris,* a LT dispõe que "as disposições da presente lei não podem ser afastadas ou modificadas por instrumentos de regulação colectiva de trabalho ou por contrato individual de trabalho, excepto quando estabeleçam regimes mais favoráveis"[99]. Uma certa perspectiva de ver esta disposição permite concluir que só o legislador é que pode agravar o regime do contrato individual de trabalho, estando apenas permitido às partes a modificação do regime da LT quando seja de estabelecer condições mais favoráveis.

Este problema acha-se indirectamente ligado à questão dos direitos adquiridos que, a propósito dos direitos dos agentes da administração, são geralmente dependentes de fixação legislativa e não de negociação particular. Assim, diz-se que os direitos nunca são adquiridos em face da lei pois esta os pode, a qualquer momento, modificar. Esta maneira de ver as coisas não está longe do que a disposição retromencionada afirma, pois só a lei pode agravar o regime jurídico laboral, sendo apenas permitido às partes o estabelecimento de regimes favoráveis.

Mas o princípio *favor laboratoris* é muito mais do que isso. Tem maior enfoque quando aplicado no âmbito das fontes do Direito do Trabalho, onde a lei estabelece que "as fontes de direito superiores

---

[98] ESTORNINHO, Maria. *Fuga para o Direito Privado*, cit., pg. 45, *Apud* MASUCCI, Alfonso. *Transformazione dell'Amministrazione e Moduli Convezionali – Il contratto di Diritto Público*, Ed. Jovene, Napoli, 1988.

[99] Artigo 1, n.° 1 da LT.

prevalecem sempre sobre as fontes hierarquicamente inferiores, excepto quando estas, sem oposição daquelas, estabeleçam tratamento mais favorável"[100]. O princípio do tratamento mais favorável desempenha em direito laboral um papel fundamental que consiste em munir o intérprete da presunção de que a norma a interpretar admite especificação em mais (no sentido de maior vantagem para o trabalhador); ou seja, por outras palavras, a presunção de que se trata de norma definidora de condições mínimas, imperativa-limitativa. Com efeito, o princípio do tratamento mais favorável assume fundamentalmente um sentido de que as normas jurídico-laborais, mesmo as que não denunciam expressamente o carácter de preceitos limitativo, devem ser em princípio consideradas como tais[101].

A questão é saber se poderá, este princípio, operar como tal nas relações jurídicas de emprego público. Nada aparenta o contrário, tanto mais que no género relações de emprego público podemos encontrar, por um lado, as relações jurídico-privadas de emprego público e, por outro, as relações jurídico-públicas de emprego público.

Começando pelas relações jurídico-privadas de emprego público sendo elas objecto de regulação directa pela LT, uma vez tratar-se de relações jurídicas de trabalho estabelecidas entre o Estado ou outros entes públicos e os particulares de acordo com a LT, não faria sentido que o regime do *favor laboratoris* não se aplicasse; mas, obviamente, sem prejuízo das derrogações que as exigências de interesse público possam impor.

No que diz respeito às relações jurídico-públicas de emprego público, nomeadamente as relações estabelecidas entre os agentes administrativos e os agentes-funcionários e a Administração pública, a situação tem de ser vista noutro prisma. A este propósito, ANA FERNANDA NEVES escreve que as normas que se encontram no regime jurídico da função pública, à luz dos tipos mencionados, de norma, serão imperativas-puras (conteúdo vinculante), sem prejuízo da existência de normas que em maior ou menor medida atribuem margem de discricionaridade ou margem de livre apreciação à autoridade administrativa. O que significa que o princípio [o princípio do *favor laboratoris*] que versamos potencialmente sucumbe neste

---

[100] Artigo 4, n.º 3 da LT.
[101] MONTEIRO FERNANDES, António Lemos. *Direito do Trabalho,* cit., pg. 118.

espaço[102]. Esta afirmação é aceitável quando encarada apenas no contexto nas normas estritamente jurídico-laborais da função pública, mas noutro ponto de vista (da visão global do direito) merece alguns reparos com fundamento na unidade do sistema jurídico.

Com efeito, ao lado das normas estritamente laborais que regem as relações jurídico-laborais, existe outro tipo de normas aplicáveis à generalidade das relações jurídico públicas, nomeadamente as normas sobre as garantias dos particulares que, protegendo os direitos adquiridos, ainda que emanados de actos ilegais, podem providenciar o tratamento mais favorável ao trabalhador[103].

Suponhamos, p.e., um Despacho Ministerial com carácter normativo, que concede direitos aos funcionários públicos, mas sem oposição de outras normas superiores. Em caso de alteração legislativa destas normas superiores, o princípio do tratamento favorável imporia, com recurso à ideia de protecção dos direitos adquiridos, o favorecimento da manutenção daqueles direitos. Julga-se que o espírito que anima a teoria dos direitos adquiridos pelos Administrados face à AP resulta da necessidade de protecção contra esta mesma Administração quando actua como poder. Com efeito, se os direitos adquiridos, numa posição favorável ao administrado não fossem protegidos, a AP modificaria as relações jurídicas administrativas a seu bel-prazer.

Esta é a doutrina acolhida pelo artigo 217 do Estatuto Geral dos Funcionários do Estado, que consagra, em matéria de garantias que: "*os actos manifestamente ilegais ou outros (o sublinhado é do autor do texto), ainda que constitutivos de direitos podem ser rectificados, suspensos ou revogados nos termos da alínea anterior desde que não tenham produzido efeitos*"[104]. Isto significa que desde que o acto administrativo tenha produzido efeitos, isto é, desde que tenha ingressado na esfera jurídica do particular,

---

[102] FERNANDA NEVES, Ana. *Relações Jurídicas de Emprego Público*, cit., pg. 143.

[103] REBELO DE SOUSA, Marcelo e SALGADO DE MATOS, André defendem que "ao entendimento liberal restrito da preferência da lei contrapõe-se hoje o conceito de bloco de legalidade, segundo o qual a actividade administrativa se encontra limitada, não apenas pela lei ordinária, mas por todos os factos normativos que se imponham como seus parâmetros por força da estruturação da ordem jurídica, a começar na Constituição e a acabar nos próprios regulamentos administrativos", in *Direito Administrativo Geral. Introdução e princípios fundamentais*. Tomo I, Dom Quixote, Lisboa, 2004, 1.ª edição, pg. 102.

[104] Artigo 217, n.º 2 do Estatuto Geral dos Funcionários do Estado.

ainda que manifestamente ilegal, não pode ser revogado por iniciativa própria da AP. Há que proteger o sujeito mais fraco desta relação.

Esta norma, porque integrada no próprio Estatuto dos Funcionários do Estado, pode fundamentar o princípio do tratamento mais favorável aos trabalhadores da função pública. Todavia, é de concordar com ANA FERNANDA NEVES quanto à ideia de que aplicação deste princípio na função pública nunca deverá pôr em causa os preceitos imperativos, senão nos casos em que seja possível recorrer-se ao regime de protecção dos direitos adquiridos.

O princípio do *favor laboratoris* foi amplamente acolhido pela Jurisprudência do TA na sua decisão preferida no Acórdão 29/1.ª/98[105], nos autos do processo contencioso n.º 7/97/1.ª, ao ter recorrido para a disposição contida na norma constante do n.º 4 do artigo 7 da LT, nos termos da qual "a falta de forma escrita presume-se imputável à entidade empregadora, a qual fica automaticamente sujeita a todas as consequências legais e não afecta a validade do contrato nem os direitos adquiridos pelo trabalhador".

No caso em referência, a UEM, pessoa colectiva de direito público, lançou um concurso público para a contratação de docentes para o Departamento de Química ao qual se candidatou e ficou aprovado um determinado cidadão, tendo iniciado funções de docente, embora não tivesse sido celebrado ainda contrato formal. O referido cidadão esteve ao serviço da UEM de Julho de 94 a Fevereiro de 95, altura em foi notificado de um Despacho Reitoral que fazia cessar as suas funções com fundamento no n.º 2 do artigo 25[106] e no n.º 3 do artigo 27[107], ambos do Estatuto Geral dos Funcionários do Estado.

Por não se ter conformado, o referido docente recorreu contenciosamente do despacho e, na sua contestação, a UEM alegou que o recurso não poderia proceder porque entre ela, a Universidade, e o recorrente não existia nenhum vínculo formal, o que contraria a lei, uma vez que o regime da função pública exige o provimento nos lugares dos quadros, para que

---

[105] Para mais desenvolvimentos vide CISTAC, Gilles. *Jurisprudência Administrativa de Moçambique,* Vol. 1 (1994-1999), Maputo, Agosto de 2003, pgs. 501 e ss.

[106] O n.º 2 do artigo 25 do EGFE determina que "o provimento provisório tem carácter probatório e visa predominantemente a formação do funcionário para o exercício do cargo a desempenhar"

[107] O artigo 27, n.º 3 do EGFE encontra-se presentemente revogado.

se adquira a qualidade de funcionário. Na apreciação do caso, num claro acolhimento do princípio *favor laboratoris*, o TA, para além da já citada norma do artigo 7, n.º 4 da LT, recorreu ao artigo 5, n.º 2 da mesma lei para afirmar que "*A relação jurídico-laboral presume-se existente pelo simples facto de o trabalhador estar a executar uma determinada actividade remunerada com conhecimento e sem oposição da entidade empregadora*", o que efectivamente aconteceu entre a UEM e o cidadão recorrente.

Porém, alguma doutrina autorizada, nomeadamente MARIA JOÃO ESTORNINHO adverte para o facto de que a aplicação das normas do direito civil nas relações jurídicas da administração não dever confundir-se com a aplicação do próprio ramo do direito.

No caso anteriormente citado, as normas a que se fez recurso não são simples preceitos da LT, mas sim verdadeiros princípios básicos do direito do trabalho, neste caso o princípio *favor laboratoris*, contido, entre outros, no artigo 7 desde diploma legal, bem como a salvaguarda dos direitos adquiridos no âmbito dos contratos inválidos.

1.4. Os fundamentos constitucionais da aplicação do regime laboral comum às relações de emprego público

A legitimidade constitucional da discussão acerca da aplicação da Lei e do Direito do Trabalho nas relações de emprego público assenta, segundo a doutrina portuguesa, no princípio da igualdade entre os trabalhadores da Administração e os trabalhadores do sector privado. "Na base de toda a evolução...reside a consagração do princípio da igualdade entre trabalhadores da Administração e trabalhadores do sector privado e, consequentemente, a projecção imediata na relação de emprego público da tutela prevista em geral para o trabalho subordinado"[108]. No caso português, por exemplo, "o fenómeno da privatização do emprego público tem um fundamento directo na Constituição de 1976 e, designadamente, na consagração dos direitos fundamentais em termos gerais

---

[108] LIBERAL FERNANDES, Francisco. *Autonomia Colectiva dos Trabalhadores da Administração*, cit., pg. 121.

– ou seja, sem distinguir entre a sua inserção no sector privado ou no sector público"[109].

A CRM assume como objectivos fundamentais do Estado moçambicano a criação de uma sociedade de justiça social e de promoção e defesa dos direitos humanos. Um Estado de justiça social assenta na ideia de intervenção na sociedade com vista a interferir positivamente na vida do cidadão[110], sendo de justiça que os avanços legislativos conseguidos na vida laboral do sector privado sejam transpostos e/ou aceites pelo próprio Estado-Administração a favor dos seus funcionários. Evidente se torna também que a promoção e garantia dos direitos humanos é extensiva a todos os cidadãos, independentemente da sua classe profissional ou social. Neste sentido, deve entender-se que os direitos humanos acolhidos na ordem jurídica moçambicana, com maior destaque neste aspecto para a Declaração Universal dos Direitos do Homem, da Carta Africana dos Direitos Humanos e dos Povos[111], a Carta das Nações Unidas e o Pacto Internacional dos Direitos Civis e Políticos, bem como os direitos fundamentais consagrados pela própria Constituição, são deles também titulares os funcionários públicos. Qualquer restrição deverá resultar da própria CRM, é o que se pode deduzir.

Compulsando a CRM laboral, constata-se que os direitos fundamentais dos trabalhadores aí consagrados não têm nenhuma limitação ou restrição referentes aos trabalhadores da Administração. Por exemplo, a norma que consagra o direito à livre escolha da profissão há-de impor-se indiferentemente ao Estado e ao sector privado. Nenhuma dessas entidades pode impor o exercício de uma profissão ou, inversamente, impedir arbitrariamente o exercício de uma profissão. Por outro lado, em ambos os casos, o trabalho compulsivo é proibido[112].

A CRM dispõe ainda, no seu artigo 85, que todo o trabalhador tem direito à justa remuneração, descanso, férias e à reforma nos termos da lei.

---

[109] PALMA RAMALHO, Maria do Rosário. *Intersecção entre o regime da função pública e o regime laboral*, cit., pg. 453.

[110] MIR PIUG, Santiago. *Derecho Penal.Parte General*. PPU, Barcelona, 1984, 2.ª pgs. 60 a 61.

[111] Nos termos da CRM 90, por força das alterações introduzidas em 2004, a DUDH e a CADHP são adoptados como instrumentos interpretativos com força obrigatória. Art 43.

[112] N.º 2 do Artigo 84 da CRM.

Nenhuma interpretação desta norma poderá sustentar a ideia de que o seu conteúdo é inaplicável aos funcionários do Estado e aos trabalhadores públicos em geral. Em toda a CRM laboral o legislador constituinte emprega a expressão trabalhador, sem se importar em restringir este termo aos trabalhadores do sector privado.

Mais interessante é a disposição constitucional referente à greve. Diz a referida disposição que "a lei limita o exercício do direito à greve nos serviços e actividades essenciais, no interesse das necessidades inadiáveis da sociedade e da segurança nacional". Sem precisar de ir mais longe, basta dizer que as necessidades de segurança nacional são tarefas de soberania e tradicionalmente encarregues às forças de defesa e segurança nacional. Donde se pode concluir que o legislador, ao empregar a expressão «os trabalhadores têm direito à greve», inclui neles os funcionários públicos, pois se os não incluísse não limitaria o direito à greve nos serviços encarregues da segurança nacional[113].

Por isso, pode dizer-se que a Constituição moçambicana, tal como aconteceu com a CRP, abre caminho para a chamada «laboralização do emprego público»[114] ou «privatização do emprego público»[115], no sentido de que deixa margem para a transposição dos princípios e matérias tradicionalmente privativas do Direito do Trabalho para a função pública. A Constituição laboral aplica-se na função pública com as restrições que dela decorrem, como é o caso da limitação da greve nos serviços de defesa e segurança.

Portanto, a aplicação da LT e do Direito do Trabalho no emprego público tem fundamento e limite na própria Constituição. O fundamento resulta da utilização da expressão "trabalhadores" de uma tal maneira que nela se incluam os trabalhadores públicos. O limite da aplicação será no que respeita às restrições que a própria CRM impõe ao exercício de determinados direitos.

---

[113] Alguma doutrina admite o serviço militar como relação de emprego público. Vide, por todos. LIBERAL FERNANDES, Francisco. *Autonomia colectiva dos trabalhadores da Administração*, cit., pgs. 216 e ss. Implicitamente, a CRM adere a esta posição, pois caso contrário não precisaria de se pronunciar naqueles termos no preceito relativo à greve nos serviços essenciais.

[114] GOMÉZ, Tomaz Alvaréz. *Transformación de las administraciones publicas*, ob. cit., pg. 295. Este autor fala mesmo da *"privatizacion y laboralización de los funcionários públicos"*.

[115] PALMA RAMALHO, Maria do Rosário. *Intersecção entre o regime da função pública e o regime laboral*, cit., pg. 451.

1.5. Considerações finais sobre o primeiro capítulo

Do até aqui exposto, constata-se que a LT, bem como o Direito do Trabalho, em geral, abrangem no seu seio relações de trabalho estabelecidas entre o sector estatal e os seus trabalhadores. Com efeito, qualquer relação de trabalho estabelecida com um ente público pode ser qualificada como relação de emprego público, pois o que a publiciza são os interesses públicos a que a pessoa colectiva de direito público se encontra adstrita, sendo tais relações de trabalho o agenciamento de uma parte dos meios colocados ao serviço público.

Pelo que é de admitir como constatação preliminar, sujeita a melhor precisão nos capítulos subsequentes, que a LT é aplicável às situações jurídicas de trabalho de emprego público. Contudo, importa precisar que tal aplicação não abrange, em princípio, os funcionários públicos que se regem por estatuto específico. A afirmação de que, em princípio, a LT não é aplicável aos funcionários públicos é propositada, no sentido de que essa tendência constitui uma regra que pode admitir excepções. Interessa, pois, mais adiante, responder à pergunta de saber como é que a LT poderá ser chamada a regular uma situação jurídica de emprego público.

Nem a concepção que defende a ideia do emprego público como relação especial de poder impede a transposição das normas e princípios do direito laboral comum para o emprego público, pois essa interpenetração é admitida pela própria Constituição da República.

CAPÍTULO II
A Aplicação da LT nas Situações Jurídico-Privadas de Emprego Público

>   Razão de sequência: **2.1.** Conceito e estrutura das situações jurídico-privadas de emprego público. **2.2.** Os diferentes tipos de situações jurídico-privadas de emprego público. **2.3.** A natureza jurídica das situações jurídico--privadas de emprego público. **2.4.** O regime jurídico das relações jurídico-privadas de emprego público. **2.5.** A problemática da jurisdição competente para dirimir os conflitos emergentes das situações jurídico-privadas de emprego público. **2.6.** Considerações finais sobre o segundo capítulo

2.1. Conceito e estrutura das situações jurídico-privadas de emprego público

a) *Conceito*

No seu Manual de Direito Administrativo, MARCELLO CAETANO define os agentes administrativos[116] como "os indivíduos que, por qualquer

---

[116] É de referir que, mais tarde, o Professor Marcello CAETANO reservou a definição que ora se apresenta para os agentes de administração, tendo passado a definir os Agentes Administrativos como sendo *aqueles que actuam sob a direcção dos órgãos da A. P. e estão submetidos, no desempenho das tarefas próprias desta, a um regime marcado pela existência de deveres específicos de fidelidade e lealdade ao país, reflectidos no dever de respeitar e fazer respeitar a legalidade vigente e nas particularidades de regulamen-*

título, exercem actividade ao serviço das pessoas colectivas de direito público, sob a direcção dos respectivos órgãos"[117]. No entender do ilustre Professor o exercício de funções ao serviço de uma pessoa colectiva de direito público constitui elemento essencial da definição... não importando o carácter público ou privado do título pelo qual o indivíduo exerce a sua actividade[118].

As relações laborais entre os entes públicos e os particulares, sob a forma privada, constituem o acervo das situações jurídico-privadas de emprego público. São de emprego público porque, ainda que constituídas sob forma privada e, por isso, reguladas pela LT, não deixam de traduzir empregos públicos, pois o seu fim último é concorrer para a satisfação das necessidades colectivas que à entidade que os emprega incumbe prosseguir. É por isso que MARCELLO CAETANO incluía os trabalhadores da Administração, mediante contrato individual do trabalho, no seio do conceito de Agentes Administrativos.

A Relação Jurídica de emprego público é o género de que as situações jurídico-privadas de emprego público são espécie. No género, está a relação de emprego público "aquela em que o indivíduo se relaciona com a Administração como sujeito autónomo, disponibilizando a sua força de trabalho ao serviço dos fins públicos mediante determinada contrapartida remuneratória"[119]. Na espécie do género, situam-se as relações de trabalho constituídas sob forma privada entre a Administração e os particulares, reguladas pela LT.

A circunstância desta espécie de relações jurídicas de emprego público não ser totalmente similar às ralações jurídicas de trabalho subordinado comum é em parte espelhada pela norma constante do artigo 2, n.º 2 da LT, quando o legislador diz que "a presente lei aplica-se também às relações jurídicas de trabalho entre as empresas públicas e os respectivos trabalhadores, sem prejuízo das derrogações previstas na legislação específica aplicável". Com efeito, "numa empresa pública os empregados que nela prestam serviço por contrato de trabalho serão agentes adminis-

---

tação da obediência às ordens superiores. Apud Paulo Veiga e Moura. *Função Pública*, cit., pg. 26.

[117] CAETANO, Marcello. *Manual de Direito Administrativo*. Vol. II, cit., pg. 641.

[118] CAETANO, Marcello. *Manual de Direito Administrativo*. Vol. II, cit., pgs. 642 a 643.

[119] FERNANDA NEVES, Ana. *Relação Jurídica de Emprego Público*, cit., pg. 81.

trativos[120] se a empresa for pessoa colectiva do direito público"[121] e, por isso, submetidos a especiais deveres decorrentes da supremacia do interesse público a que as empresas públicas se encontram adstritas a prosseguir. Segundo TOMAZ GÓMEZ ALVAREZ, a tais trabalhadores das empresas públicas, aplicam-se-lhes as regras gerais de Direito de Trabalho, embora com algumas peculiaridades[122].

Neste sentido, é de concluir que no conceito de relação jurídico-privada de emprego público há-de ter especial relevância a natureza pública do empregador, bem como o fim a que este ente público se encontra cometido.

Porém, se a presença de uma pessoa colectiva de direito público[123] é factor determinante para a qualificação das relações de trabalho entre ela estabelecida e os seus colaboradores, como relações de trabalho de emprego público, não é bastante para a determinação da natureza pública ou privada da relação. Com efeito, para que as mesmas adquiram a qualidade de relações de emprego privado, é necessário que se constituam de acordo com as regras de direito privado.

Desta forma, pode dizer-se que a situação jurídico-privada de emprego público é o vínculo jurídico laboral estabelecido entre as pessoas colectivas de direito público e os seus trabalhadores que, constituído de acordo com as regras de direito privado, é primacialmente regulado pelo Direito do Trabalho, em concurso com as normas do Direito Administrativo. Diz-se em concurso porque, há-de sempre existir uma tensão latente entre as normas públicas e as privadas.

---

[120] Convém prevenir-se para o facto desta concepção de agente administrativo ter sido mais tarde utilizada de uma forma restritiva pelo próprio Prof. Marcello CAETANO conforme mais adiante se demonstra. Contudo, a incidência do interesse público nestas relações justifica as especiais derrogações que se podem impor aos trabalhadores das empresas públicas mantêm-se.

[121] CAETANO, Marcello. *Manual de Direito Administrativo*, ob. cit., pg. 643.

[122] ALVAREZ, Tomás Gómez. *La transformacion de las Administraciones Públicas: aspectos laborales y perspectivas de futuro*. CES, Colección Estudios, pg. 298.

[123] Sempre necessária, para a constituição de qualquer relação jurídica onde administração pública está envolvida como parte.

b) **Estrutura das relações jurídico-privadas de emprego público**

b.1) *Os sujeitos da relação*

Os sujeitos jurídicos são os centros de imputação dos direitos e obrigações que constituem o conteúdo da relação jurídica. É, por isso, imperioso que em qualquer relação jurídica existam sujeitos jurídicos, entes susceptíveis de serem titulares de direitos e obrigações, de serem titulares de relações jurídicas[124].

O legislador determina, no artigo 21 EGFE, que a relação de trabalho no aparelho do Estado pode constituir-se por via de nomeação ou de contrato de provimento para o quadro. No primeiro caso, a lei dispõe que o particular adquire a qualidade de funcionário público e no segundo nada diz sobre a qualidade do contratado. Considerando que, com a revogação dos artigos 32 e 33 do EGFE, deixou de ser admissível a aquisição da qualidade de funcionário público por efeito de celebração de contrato de trabalho com o Estado, fica por esclarecer a qualidade daqueles que, nos termos do artigo 34 do mesmo diploma legal, trabalhem para a AP, em regime de contrato de trabalho, sendo certo que o legislador refere, por exclusão de partes, no artigo 7 do EGFE, que as pessoas contratadas fora do quadro não adquirem a qualidade de funcionários.

O beneficiário da actividade das pessoas singulares vinculadas pela relação de trabalho no Aparelho do Estado é a *Administração central ou local do Estado* (n.º 1 do artigo 7 do EGFE) *ou das autarquias locais* (artigo 2, n.º 3 do Decreto n.º 64/98 de 3 de Dezembro).

Portanto, "a nomeação ou o contrato criam uma relação de serviço, que tem como sujeitos a pessoa colectiva de direito público, de um lado, e o indivíduo investido na sua qualidade de servidor, do outro"[125]. Assim, o artigo 7 do EGFE, quando fala da administração central ou local do Estado, deve entender-se que se trata do Estado Administração como uma Pessoa Colectiva de Direito Público[126]. Só o Estado ou as autarquias locais, como pessoas colectivas, podem estabelecer relações jurídicas.

---

[124] MOTA PINTO, Carlos Alberto. *Teoria Geral do Direito Civil*. 3.ª edição actualizada. Coimbra Editora, Coimbra, 1999, pg. 191.

[125] CAETANO, Marcello. *Manual de Direito Administrativo*, cit., pg. 688.

[126] Cfr. FREITAS DO AMARAL, Diogo. *Curso de Direito Administrativo*. Vol. I, Almedina, Coimbra, pgs. 199-203.

Acolhendo a expressão de JEAN RIVERO, nas relações jurídicas administrativas as pessoas colectivas constituem um elemento necessário da relação, pois a Administração faz-se representar sempre por uma pessoa colectiva[127].

Em ambos os casos, designadamente no provimento por via do contrato ou da nomeação, as pessoas singulares prestam serviços à Administração central e local do Estado, bem como à Administração autárquica, tendo uns a qualidade de funcionários públicos e outros um estatuto jurídico que é preciso aclarar.

É, por isso, importante que, no estudo dos sujeitos da relação de trabalho público, se faça uma categorização jurídica do pessoal ao serviço da Administração Pública. Desde logo, há que estabelecer com precisão a categoria jurídica do pessoal ao serviço da administração e, dentro dela, encontrar o pessoal que se rege pela LT, sendo também necessária a sua qualificação jurídica.

O reconhecimento legal de que ao lado dos funcionários públicos existem outras pessoas que trabalham para a Administração, deixa em aberto a problemática da qualificação destes outros colaboradores da Administração. Com efeito é preciso saber qual é a categoria jurídica daqueles que, embora trabalhando para a Administração, não têm a qualidade de funcionários públicos, por se regerem pela LT. É este *"colectivo de personal que há centrado [esta] investigación ...que se encuentra vinculado a la Administración Pública de la que se trate por un contrato sometido al Derecho del Trabajo"*[128].

O n.º 1 do artigo 3 do Decreto n.º 24/94 de 28 de Junho, que aprova o regime dos contratos fora do quadro da Administração, refere-se a este pessoal como *trabalhadores contratados*. Mas esta alusão não resolve o problema, pois à teoria do Direito interessa estabelecer o conceito de agentes administrativos[129], porquanto compete, como acontece no direito moçambicano, às leis de cada país reconhecer a qualidade de funcionário público a determinada categoria do pessoal ao serviço da administração.

---

[127] RIVERO Jean. *Direito Administrativo.*Tradução portuguesa de Doutor Rogério Ehrhardt Soares. Almedina, Coimbra, 1981, pgs. 46 e ss.
[128] ALVAREZ, Tomaz Gómez. *La Transformación de las administraciones públicas,* cit., pg. 297.
[129] VEIGA E MOURA, Paulo. *Função Pública,* cit., pg. 25.

A necessidade de distinguir as diferentes categorias de trabalhadores públicos tem repercussões na vida prática, nomeadamente quanto à competência dos tribunais para dirimir os conflitos emergentes das respectivas relações de trabalho, bem como e em geral no que diz respeito à escolha do regime jurídico aplicável a cada uma das situações jurídicas.

Por exemplo, numa acção judicial emergente de uma relação laboral proposta contra o Instituto Nacional do Cinema (INC) junto da 11.ª secção do TJCM, este Tribunal declarou-se incompetente para julgar este litígio laboral, alegando que esta questão é da competência do TA. No despacho onde o Tribunal se julga incompetente, não há nenhuma referência ao critério jurídico empregue para a declaração da incompetência do Tribunal. O que se constata é que, na sua contestação, o referido Instituto alegou apenas que, uma vez que este já esteve integrado na estrutura do respectivo Ministério de Tutela[130], órgão central do aparelho do Estado, a jurisdição competente para apreciar os conflitos laborais com os seus trabalhadores é a administrativa. Tentado identificar o critério aqui implicitamente aplicado, conclui-se que a declaração da incompetência do tribunal comum teve por base a natureza jurídica da pessoa colectiva que constituiu a relação de trabalho em causa com o seu trabalhador.

Indo um pouco mais longe, compulsando a legislação ao caso aplicável em matéria de pessoal, constata-se que artigo 17 do Decreto n.º 41//2000 de 31 de Outubro[131] determina que os funcionários do INC regem-se pelo EGFE, mas não se refere ao estatuto jurídico deste pessoal, no sentido de estabelecer se são ou não funcionários públicos. Desta falta de clareza resultou que, nos autos do processo n.º 168/2002 da 1.ª secção do TA, o Juiz Relator tenha proferido um despacho nos termos do qual o recorrente, por coincidência ex-funcionário do INC, deveria provar a sua qualidade de funcionário público, uma vez que o TA, em matéria do pessoal ao serviço da administração pública, apenas é competente para dirimir conflitos emergentes das relações com os funcionários.

Como se pode ver, nem os tribunais comuns nem o próprio TA têm clareza sobre a sua competência para dirimir conflitos emergentes das situações de trabalho na AP.

---

[130] Foi através da Portaria n.º 57/76, de 4 de Março, que o Governo extinguiu o Serviço Nacional do Cinema e em sua substituição criou o Instituto Nacional do Cinema.

[131] Aprova um novo figurino para o Instituto Nacional do Cinema em matéria do seu pessoal.

Do acima exposto, vê-se claramente que a titularidade de determinada qualidade jurídica é decisiva para a escolha da jurisdição competente para apreciar o litígio emergente da respectiva relação de trabalho.

Mas não é somente a escolha da jurisdição competente que se revela importante, pois importa também o direito aplicável. É o que se pode extrair da seguinte citação do Ac. 57/2004 do TA em que esta jurisdição afirma, citando MARCELLO CAETANO, que "os contratos fora do quadro, que não confiram a qualidade de funcionário aos respectivos agentes, são regidos pelo direito privado. Assim, os litígios decorrentes da execução do contrato *sub judicie,* não podem ser da competência do Tribunal Administrativo"[132].

Portanto, no caso vertente o TA afirma a não aplicabilidade do EGFE ao litígio que estava em apreciação, pois o recorrente nos autos, ex-trabalhador de uma PCP, não tinha a qualidade de funcionário público e, nessa medida não lhe é aplicável o direito público; resulta aqui claro, no entender desta jurisdição, que o TA não é competente para apreciar a lide, uma vez que a natureza jurídica do contrato que deu origem à relação controvertida é de direito privado. Na verdade, no acórdão em apreço, o Tribunal ateve-se à questão da escolha do direito aplicável em função da circunstância do trabalhador público ter ou não a qualidade de funcionário.

Tentar agrupar as diferentes categorias de sujeitos que prestam trabalho na Administração Pública é isolar critérios[133]. Tais critérios desembocam na categorização do pessoal ao serviço da Administração em *agentes da administração, agentes administrativos* e *funcionários públicos*[134]. Das situações jurídico-privadas de emprego público não fazem parte os agentes administrativos e muito menos os funcionários públicos, na medida em que as suas relações são jurídico-públicas de emprego na Administração.

Agentes da administração[135-136], segundo MARCELLO CAETANO, são os indivíduos que, por qualquer título, exercem actividade ao serviço das

---

[132] Ac. 57/2004, cit., pg. 9.

[133] FERNANDA NEVES, Ana. *Relação jurídica de Emprego Público,* cit., pg. 200.

[134] Nesta fase não interessa a discussão nem dos agentes administrativos nem dos funcionários públicos, na medida em que, estando este capítulo reservado para relações jurídico-privada de emprego público, àquele pessoal ao serviço da Administração não é, pelo menos nos termos em que se estuda neste capítulo, aplicável o direito privado; regem-se em primeira linha pelo direito público.

[135] Dos Agentes da Administração fazem parte os agentes administrativos e os funcionários públicos, o que significa que todo o funcionário público é agente administrativo

pessoas colectivas de direito público, sob a direcção dos respectivos órgãos[137]. Portanto, são agentes da administração todos os indivíduos que trabalham para o sector público, nos termos em que este sector se encontra definido no documento sobre a Estratégia Global da Reforma para o Sector Público, produzido pela CIRESP, qualquer que seja o facto jurídico que tenha dado origem à relação.

O elemento essencial para a aquisição da qualidade de agente da administração, segundo a definição de MARCELLO CAETANO, é o facto de o indivíduo desempenhar a sua actividade ao serviço do sector público, sempre representado na relação por uma pessoa colectiva de direito público, independentemente do carácter público ou privado da relação de trabalho.

Portanto, *agente da administração* é um conceito amplo que abrange aqueles que trabalham para o sector estatal na base de contratos de trabalho que se regem pelo direito privado, ao abrigo das disposições conjugadas dos artigos 2, n.º 1 da LT e 34 do EGFE, bem como os demais trabalhadores da Administração providos para os quadros de pessoal ou que em regime de contrato prestam serviços para a administração, mas sem pertencerem aos quadros.

Nestes termos, os sujeitos da relação jurídico-privada de emprego público são a administração pública e os agentes da administração. Por outras palavras, os trabalhadores ao serviço das entidades públicas em regime de direito privado têm a qualidade de *agentes da administração*.

b.2) *Objecto da relação*

A determinação do objecto da relação jurídico-privada do emprego público corresponde ao processo de identificação da obrigação concre-

---

e todo o agente administrativo é agente de administração, mas que nem todos os agentes da administração são agentes administrativos e muito menos funcionários. Vide Marcello Caetano. *Manual de Direito Administrativo*. Vol. II, cit.. Para mais desenvolvimentos, vide capítulo III, *infra*.

[136] A doutrina brasileira emprega a *expressão agentes públicos, no sentido de que esta é a mais ampla categoria de sujeitos ao serviço da administração capaz de designar genérica e indistintamente os sujeitos que servem ao poder político*. BANDEIRA DE MELLO, Celso António. *Curso de Direito Administrativo*. Malheiros Editores, São Paulo, 8.ª edição, revista e actualizada.

[137] CAETANO, Marcello. *Manual de Direito Administrativo*. Vol. II, ob. cit., pg. 641.

tamente assumida pelos agentes da administração, nomeadamente pelo trabalhador.

Os agentes da administração assumem a obrigação de realizar uma "*prestação de actividade* que se concretiza, pois, em *fazer algo* que é justamente a aplicação ou exteriorização da força de trabalho tornada disponível"[138] a favor da Administração, tendo em vista satisfazer as necessidades colectivas, ainda que de forma indirecta.

Poderia questionar-se se o agente da administração não assume, então, a obrigação de satisfazer o interesse geral, isto no sentido de que não basta a realização da actividade, porquanto se exige que ele satisfaça um determinado fim, designadamente o interesse geral. Resulta considerar-se forçado aceitar que, em termos concretos, o agente da administração estaria adstrito a satisfazer, através da sua actividade, o interesse público. Com efeito, a satisfação do interesse geral é o objecto da Administração e, para tanto, ela agencia meios, nomeadamente os humanos, materiais e financeiros. Ora, o pessoal da Administração tem, para com o interesse geral, uma relação mediata e não imediata.

Recorrendo a alguma terminologia legal e compulsando o Decreto n.º 64/98, de 3 de Dezembro, no seu artigo 4, constata-se que este diploma legal refere-se à actividade dos funcionários públicos e agentes administrativos como correspondente à satisfação das necessidade permanentes e **próprias** da administração.

Por maioria de razão, o trabalho prestado pelos agentes de administração também corresponde à satisfação das necessidades da própria administração e só mediatamente é que os resultados do trabalho destes agentes satisfaz o interesse geral. LIBERAL FERNANDES escreve a este propósito que "nota indispensável à caracterização do vínculo de emprego público prende-se com a necessidade de distinguir interesse geral da Administração e objecto imediato da relação de serviço. A autonomia que se verifica entre estes dois aspectos está relacionada com o facto de a prestação de trabalho se enquadrar na órbita do interesse da Administração relativo à organização e funcionamento do Aparelho Administrativo (interesse secundário) e, por conseguinte, de ser um elemento que não se integra no âmbito do interesse final prosseguido pela entidade, relativamente ao qual está situado num plano externo"[139].

---

[138] MONTEIRO FERNADES, António L. *Direito do Trabalho*, cit., pg. 122.

[139] LIBERAL FERNANDES, Francisco. *Autonomia colectiva dos trabalhadores da Administração*, cit., pg. 141.

Portanto, só à Administração é que incumbe a satisfação do interesse da colectividade, justamente aquele que pela actuação individual seria difícil realizar ou que pela sua natureza não se pode deixar que cada um procure prover[140].

Porque a actividade do agente da administração contribui para a satisfação do interesse geral, o agente está submetido a um regime especial, de modo a que o desempenho da sua actividade não perca esse escopo. Mas a obrigação que ele assume é de prestação de uma actividade e não a de consecução de um resultado[141].

A prestação da actividade pelo agente da administração não é autodeterminada, pois deve ser realizada de acordo com as ordens e instruções dos superiores hierárquicos. Neste sentido e numa perspectiva pura e teoricamente formalista, o agente da administração disponibiliza-se para obedecer às ordens e instruções emanadas dos órgãos da Administração para a concretização da sua actividade. Portanto, o objecto da relação do trabalho na AP é fundamentalmente a obrigação do funcionário colocar e manter disponível a sua força de trabalho manual ou intelectual[142-143]. É a manifestação da subordinação jurídica nas situações jurídico-privadas de emprego público.

A subordinação do agente de administração, face às ordens e instruções dos órgãos do Estado, caracteriza a relação[144] como elemento intrínseco. Com efeito, decorre da doutrina que só se estabelece uma relação de emprego com a Administração quando haja lugar a uma prestação de trabalho subordinado, pelo que não serão sujeitos de tal relação os que apenas celebram com a administração um contrato de prestação de serviços.[145] O trabalho a ser realizado pelo agente de administração é heterodeterminado e não autodeterminado[146]. Realiza-o na base de instruções dos seus superiores hierárquicos.

---

[140] Cfr. RIVERO, Jean. *Direito Administrativo*, cit., pg. 14.

[141] No mesmo sentido, LIBERAL FERNANDES, Francisco. *Autonomia colectiva dos trabalhadores da Administração*, cit., pg. 141.

[142] LOURENÇO, José Acácio. *As Relações de Trabalho nas Empresas Públicas*. Coimbra Editora, 1984, pg. 34.

[143] MONTEIRO FERNANDES, António Lemos. *Direito do Trabalho*, cit., pg. 124.

[144] LOURENÇO, José Acácio. *As Relações de Trabalho nas Empresas Públicas*, cit., pg. 35.

[145] VEIGA E MOURA, Paulo. *Função Pública*, cit., pg. 49.

[146] Cfr. MENEZES CORDEIRO, António. *Manual de Direito do Trabalho. Dogmática básica e princípios fundamentais*.

Trata-se porém de uma subordinação jurídica, porque dele decorre o dever de obediência que se impõe sobre o agente da administração perante as ordens emanadas dos seus superiores hierárquicos. Por se tratar de uma subordinação jurídica, ela tem o seu fundamento e limite nas normas jurídicas. É por esta razão, p.e., que os funcionários públicos, que também são agentes da administração em sentido lato, só têm obrigação de acatar as ordens legais, emanados de órgãos competentes e em matéria de serviço, assistindo-lhes o direito de desobediência legítima (artigo 80 da CRM) em caso de ordens ilegais.

Nos termos do n.º 2 do artigo 99 do EGFE, cumpre ao funcionário observar as ordens e instruções *legais* dos superiores hierárquicos em matéria de serviço. O que significa que, *a contrario sensu,* cessa a obrigação de cumprir as ordens ilegais, conforme comina o n.º 1 do artigo 104 do EGFE cuja norma legitima a desobediência legítima. Porém, em tais casos, o legislador moçambicano impõe o exercício do *direito de respeitosa representação* constante dos números 2 e 3 do artigo em referência.

b.3) *Da Garantia na relação*

A garantia nas relações jurídicas corresponde à possibilidade que os sujeitos da relação têm de promover o cumprimento coactivo da obrigação caso a contraparte não a cumpra voluntariamente. Em qualquer relação de emprego existem duas obrigações fundamentais que se contrapõem, nomeadamente a obrigação de disponibilidade para a prestação efectiva do trabalho, que se impõe para o trabalhador, e a obrigação de pagamento de remuneração que se impõe para a entidade empregadora.

Do lado da entidade empregadora, tem especial relevância a questão da garantia da prestação efectiva do trabalho quando vista na perspectiva do princípio da continuidade do serviço público. É que, ainda que a actividade dos agentes da administração seja prestada em moldes privados, ela concorre directa ou indirectamente para a satisfação do interesse público. Neste aspecto particular, tem importância a questão de saber que garantias tem a Administração Pública de que o pessoal ao seu serviço em regime do direito privado presta a sua actividade de acordo com o princípio da continuidade do serviço público. Este aspecto tem que ver com o problema da vontade de extinguir a relação de trabalho por parte do trabalhador, bem como, sobretudo, nos casos de interrupções de trabalho com recurso à greve.

Será, ao trabalhador da administração, em regime privado, exigido o dever de manutenção no posto de trabalho mesmo quando a sua vontade seja de fazer cessar a sua relação? Sem ainda querer aprofundar o tema, parece ser de prestar atenção, por exemplo, à última parte do n.º 2 do artigo 2 da LT, quando estabelece que as relações de trabalho nas empresas públicas regem-se pela presente lei, mas sem prejuízo das derrogações que possam derivar de regime especiais. Esta referência a possíveis derrogações é uma janela aberta para exigências particulares aos trabalhadores das empresas públicas, os agentes da administração, por a sua actividade estar virada para a prossecução do interesse público.

O mesmo se pode dizer em relação ao regime da greve do pessoal ao serviço da Administração Pública em Moçambique, que na ausência de um regime específico há de reger-se pela LT, mais concretamente através do regime da greve nos serviços essenciais, que preconiza a necessidade de manutenção dos serviços mínimos[147].

Portanto, do lado da administração pública existem garantias jurídicas e possibilidade de prestação coactiva do trabalho, por exemplo, através da requisição civil[148].

Do lado do trabalhador, existem também mecanismos jurídicos e jurisdicionais que lhe permitem a tutela efectiva dos seus direitos laborais, nomeadamente o direito à remuneração. A garantia jurisdicional foi o meio que permitiu que, no caso S.V. Vs. Ministério do Plano e Finanças, o TA, recorrendo ao princípio de salário igual a trabalho igual[149], declarasse a nulidade dos Despachos que negavam o pagamento de certos subsídios ao recorrente.

No referido caso, decidido nos autos do processo 61/94-1.ª Secção do TA, sucedeu que o Governo decretou, através do Conselho de Ministros,

---

[147] Para mais desenvolvimentos vide supra, no capítulo sobre a função pública e a LT e mais particularmente no que diz respeito aos direitos fundamentais dos funcionários públicos. Vide ainda, COMOANE, Paulo Daniel. *Haverá um Direito à Greve na Função Pública no direito moçambicano?*, Relatório apresentado por ocasião do Mestrado conjunto em ciências jurídicas entre as Faculdades de Direito da Universidade Eduardo Mondlane e de Direito da Universidade de Lisboa. Maputo, 2004.

[148] Por ocasião da greve do pessoal de cabine da transportadora aérea cabo verdiana, o respectivo Governo ameaçou recorrer à requisição civil para garantir a prestação de serviços mínimos. É uma forma de garantir a continuidade do serviço público através de mecanismos coactivos.

[149] É de referir que o princípio constitucional de salário igual a trabalho igual tem a sua origem no direito privado e encontra-se constitucionalizado.

aumento salarial a todos os técnicos ao serviço do Aparelho do Estado, excluindo os que se encontrassem a exercer Cargos de Direcção Superior do Estado. Acontece que o recorrente S.V., ex-combatente da Libertação, que ocupou vários cargos governamentais, incluindo ministeriais, tinha adquirido o direito de vencer excepcionalmente, i.e. de manter os vencimentos como dirigente do Estado, mesmo sem ocupar nenhum cargo, por ter sido dirigente por mais de 10 anos. Com base nesta situação, o Ministério do Plano e Finanças negou-lhe o pagamento do incremento salarial com o argumento de que a sua situação de vencer em regime excepcional é equiparável a de dirigente no activo e, por isso, não poderia beneficiar do respectivo incremento salarial.

O recorrente considerou que, em comparação com os seus colegas com quem ombreava a carreira docente na Universidade Eduardo Mondlane, estava a ser discriminado e que a atitude do Ministério do Plano e Finanças constituía uma clara violação do seu direito ao salário. Na apreciação do caso, o TA, no seu Acórdão n.° 24/1.ª/96 declarou o seguinte: *"o recorrente é docente, função pela qual aufere os seus salários tal como os demais da sua categoria. Nessa qualidade, tem direito a todos os proventos fixos e acidentais devidos a esta classe de profissionais, conforme resulta do disposto no artigo 111, n.° 3 do Estatuto Geral dos Funcionários do Estado".*

Portanto, em relação ao elemento essencial de qualquer relação de trabalho, designadamente o direito ao salário, os agentes da administração têm tutela jurisdicional efectiva, prova da existência do elemento garantia na estrutura da relação jurídica de emprego público.

2.2. Os diferentes tipos de situações jurídico-privadas de emprego público

As situações jurídico-privadas de emprego público são, conforme já acima exposto, as que se estabelecem entre as Pessoas Colectivas de Direito Público e os Agentes de Administração, constituídas na base de um contrato submetido ao direito do trabalho.

Ao compulsar a vasta legislação disponível, constata-se que as relações jurídico-privadas resultam das seguintes situações:

a) As relações de trabalho estabelecidas entre as empresas públicas e seus trabalhadores (agentes da administração). De acordo com o artigo 43 da Lei 17/91 de 3 de Agosto, que aprovou o Regime das Empresas Públicas, o regime de pessoal das empresas públicas é o da Lei do Trabalho. Neste sentido, a mesma lei estabelece que *"aos trabalhadores das empresas públicas, aplicam-se as leis gerais do trabalho, nomeadamente, quanto à contratação, horário de trabalho e pagamento de impostos nos termos gerais"*. Verifica-se aqui que é o próprio legislador que, em relação aos trabalhadores, opta pela remissão directa para a LT, podendo dizer-se que é o regime de aplicação directa da LT.

Porém, uma leitura atenta do preceito em referência, evidencia que a aplicação da LT aos trabalhadores das empresas públicas não é pura e simples, pois ela limita-se a alguns domínios aí enumerados, designadamente o regime da contratação, horário do trabalho e pagamento de impostos. Mais esclarecedora é a LT que, ao definir o seu âmbito de aplicação, retoma aquela remissão da Lei das Empresas Públicas, estabelecendo que "a presente Lei aplica-se também às relações jurídicas de trabalho entre as empresas públicas e os respectivos trabalhadores, sem prejuízo das derrogações previstas na legislação específica aplicável"[150].

Portanto, a clareza das disposições acima citadas deixa cristalino o facto de que, pese embora o facto de as relações de trabalho entre as empresas públicas e seus trabalhadores serem reguladas pela LT, a aplicação do direito do trabalho sofre algumas derrogações. Importa, a este nível, determinar, por um lado, as razões que teriam levado o legislador a estabelecer uma espécie de limite à aplicação da lei de trabalho nas relações de emprego público entre as empresas privadas e os seus trabalhadores. Por outro lado, há que encontrar na lei ou de *iure constituendo* os aspectos da relação de emprego entre as empresas públicas e os seus trabalhadores que se sujeitam às derrogações previstas em legislação específica aplicável.

b) As relações de trabalho estabelecidas entre as Empresas Estatais e os seus trabalhadores. Com excepção do pessoal em regime de destacamento, que conserva a sua qualidade de funcionário público enquanto afecto a uma Empresa Estatal, o restante pessoal vincula-se, neste tipo de empresas, através de contrato individual de trabalho, também nomea-

---

[150] Artigo 2, n.º 2 da LT.

damente quanto à contratação, horário de trabalho e ao pagamento de imposto nos termos gerais[151]. Nestes termos, coloca-se nas empresas estatais o mesmo problema levantado a propósito dos fundamentos e os aspectos da relação de trabalho sujeitas a derrogações especiais.

c) *As relações de trabalho estabelecidas entre o Estado e os seus trabalhadores através de contratos de trabalho celebrados ao abrigo do disposto no artigo 34 do Estatuto Geral da Função Pública*. Nos termos desta disposição o Estado pode contratar trabalhadores e reger as relações pela LT. Os referidos contratos não conferem integração no quadro de pessoal do Aparelho do Estado e têm **regime próprio**. O EGFE não esclarece que regime é este, mas compulsando a legislação avulsa aplicável aos agentes da administração constata-se a existência do Decreto n.º 24/94, de 28 de Junho, que regulamenta a contratação fora do quadro. Mas este diploma legal não faz qualquer referência à escolha do direito aplicável aos contratos de trabalho celebrados entre o Estado e os Particulares, ao abrigo do disposto no artigo 34 do EFGE, no sentido de se saber se são contratos individuais de trabalho regulados pela LT ou se se trata de contratos de prestação de serviços. Uma coisa está clara: não se trata de contratos administrativos de provimento, pois estes foram eliminados com a revogação do artigo 32 do EGFE, que previa o contrato para o lugar do quadro.

Uma análise mais profunda do regime do Decreto 24/94, de 28 de Junho, permite verificar que este diploma legal não veio estabelecer o regime jurídico dos contratos fora do quadro. Veio apenas regulamentar a própria actividade de contratação fora do quadro, ou seja, estabelecer as regras que a Administração Pública há-de seguir no âmbito da celebração dos contratos fora do quadro. É como se se tratasse de estabelecimento de regras de procedimento, pois o referido diploma legal vem apenas regular alguns aspectos, tais como o padrão das cláusulas contratuais, a extensão de regalias previstas no EGFE para os trabalhadores contratados por tempo indeterminado, a dotação orçamental que suporta os encargos salariais e a competência dos órgãos autorizados a celebrar os contratos[152].

---

[151] Artigo 32 da Lei n.º 2/81, de 30 de Setembro, que define as regras de organização e funcionamento das Empresas Estatais.

[152] É de entender que a extensão que este regime faz de algumas regalias da função pública para os trabalhadores contratados por tempo indeterminado encontra-se parcial-

Aliás, o próprio Decreto n.º 24/94, de 28 de Junho, numa das cláusulas modelo, dispõe que a extinção dos contratos fora do quadro pode ocorrer por justa causa, nos termos da lei. Portanto, este regime pressupõe a existência de um outro regime que regula os contratos fora do quadro. Isto quer dizer que o Estado tem a liberdade de escolha do tipo de contrato a celebrar com os seus colaboradores ao abrigo do regime da contratação fora do quadro, podendo, querendo, celebrar contratos individuais de trabalho regulados pela LT ou contratos de prestação de serviços.

Mas, tal contratação só é permitida nos seguintes casos:

1. Para execução de actividades que não exijam qualificação habilitacional ou profissional específica e cujo conteúdo não esteja previsto nos qualificadores profissionais em vigor no aparelho do Estado;

2. Para a execução de actividades de natureza não permanente que exijam conhecimentos técnicos especializados;

Portanto, basicamente, as relações de trabalho na administração estadual submetidas ao regime do Direito do Trabalho, referem-se a postos de natureza não permanente ou de carácter periódico e descontínuo, os de carácter instrumental e cujo desempenho seja próprio de ofícios tais como nos casos em que requeiram conhecimentos técnicos específicos que não podem ser desempenhados por funcionários[153].

Efectivamente, trata-se aqui da utilização do contrato de trabalho no âmbito da Administração directa do Estado. No direito português, a legislador distingue na administração directa do Estado duas situações. A primeira é do exercício de funções que implicam a prática de actos de autoridade ao lado de funções cujas tarefas não implicam o exercício das prerrogativas de poder público.

---

mente derrogada por força do disposto na al. d) do n.º 1 do artigo 34 do EGFE, pois nos termos deste preceito os contratos fora do quadro só podem ter a duração máxima de 2 anos não renováveis. Com efeito, ela é apenas aplicável aos trabalhadores contratados para a realização de tarefas de carácter permanente, mas cuja execução não implique uma formação habilitacional específica e que não se encontrem previstas no qualificador profissional da função pública.

[153] ALVAREZ, Tomaz Gómez. *La transformación de las Administraciones Públicas*, ob. cit., pg. 297.

Comparando o direito português e o moçambicano, é evidente que o regime do primeiro país é mais vantajoso. Com efeito, as recentes transformações legislativas em Moçambique são constantemente desmentidas pela própria realidade social. Na introdução, é referida a situação dos professores eventuais que veio demonstrar que a realidade aponta para a necessidade do recurso ao contrato de trabalho para suprir necessidades excepcionais do Estado, nomeadamente com o pessoal da saúde em caso de ocorrência de epidemias, em que a Administração recorre ao pessoal aposentando. É por isso que o regime português se apresenta mais vantajoso, na medida em que exclui o recurso ao contrato de trabalho apenas para as tarefas que impliquem a prática de actos administrativos verdadeiramente ditos, deixando em aberto a possibilidade de contratação de pessoal para as demais funções.

d) As relações de Trabalho estabelecidas entre alguns organismos e estabelecimentos estatais ao abrigo do artigo 34 do Estatuto Geral dos Funcionários do Estado;
É o caso das Comissões Nacionais, designadamente a Comissão Nacional de Eleições e a Comissão Nacional de Combate ao SIDA. Estas instituições podem também contratar pessoal ao abrigo do disposto no artigo 34 do EGFE ao qual é aplicável o regime da LT.

e) Muito dissimulada está uma outra realidade que tem passado despercebida, mas que tem vindo a criar problemas práticos; tal realidade está ligada ao problema da «privatização da gestão e entrada de privados na gestão de actividades pública».
A evolução institucional da Empresa dos Portos e Caminhos de Ferro de Moçambique E.P. (CFM) demonstra que esta empresa começou por ser um simples departamento do Ministério dos Transportes e comunicações. Como consequência disso, os trabalhadores admitidos até 1980, ano da sua transformação em empresa estatal, têm a qualidade de funcionários públicos. Todavia, a reestruturação da referida empresa tem determinado a passagem de alguns sectores para gestores privados, sendo disso exemplo o caso da Terminal do Carvão da Matola. O processo seguido por esta empresa baseia-se na filosofia do artigo 26 da LT que, consagrando o princípio do *ope legis,* determina a passagem dos trabalhadores para o novo empregador em caso de transmissão da empresa ou do centro de trabalho; donde resulta que "funcionários públicos" por via do contrato de concessão do serviço público sejam "transferidos" para empresas privadas.

Nestas empresas, estes trabalhadores/funcionários públicos, são obrigados a celebrar contratos individuais de trabalho, 'perdendo' a sua qualidade de funcionários públicos, mesmo contra a sua vontade. Não só a perda da qualidade de funcionário público importa acautelar, mas também a posição jurídica destes trabalhadores quando a concessão do serviço público chega ao fim[154].

TOMÁZ ALVAREZ GÓMEZ afirma que este processo privatizador, com recurso à colaboração das empresas privadas na gestão do serviço público, pode levantar problemas práticos de especial importância e relevância sobre o conjunto de trabalhadores envolvidos. Com frequência levanta-se o problema da incógnita sobre a sorte da situação laboral dos trabalhadores e funcionários que prestam trabalho para a Administração, e que se encontram adstritos a actividade que passa a ser exercida pela empresa privada[155].

É evidente, portanto, que a privatização da gestão do serviço público arrasta consigo o problema da privatização do emprego público, mas tal matéria não se acha convenientemente regulada. Tem especial importância, nesta matéria, o problema da protecção dos trabalhadores do ente público afectado pela 'privatização do serviço público'.

No seu estudo, TOMÁZ ALVARÉZ GOMEZ propõe que a resolução dos problemas que se relacionam com a privatização do serviço público, negligenciado pela doutrina e pela jurisprudência, carece de uma construção teórica que combine as normas do direito administrativo com as normas do direito do trabalho. Parece querer dizer que se deve combinar os princípios da liberdade contratual (*Daniel Charles-Le Bihan*, citado por ANA FERNANDA NEVES, chega mesmo a propor o direito de opção entre o regime da função pública e o regime do contrato individual de trabalho[156]) com o princípio da estabilidade no emprego – o que poderia mesmo ser materializado pela possibilidade dos funcionários afectados transitarem para outros serviços da mesma pessoa colectiva, no lugar de

---

[154] No mesmo sentido, FERNANDA NEVES, Ana. «*Desassossegos» de regime da função pública*. Revista da Faculdade de Direito da Universidade de Lisboa. Coimbra Editora, 2000, pg. 50.

[155] GOMÉZ, Tomás Alvaréz. *La transformación de las administraciones públicas*, cit., pg. 259.

[156] Vide nota 5, FERNANDA NEVES, Ana. *Desassossegos de regime da função pública*, cit., pg. 50.

passarem para a entidade concessionária do serviço público em que se encontram[157].

A opção de DANIEL CHARLES-LE BIHAN parece mais prática, do ponto de vista da reestruturação da Administração Pública, pois quando o Estado ou outras pessoas colectivas recorrem à via da concessão do serviço público têm em vista, dentre várias razões, diminuir os custos operacionais da própria administração, nomeadamente reduzindo o peso económico do Estado[158], donde resulta que a transição dos funcionários para outros sectores do próprio Estado não se apresenta ser uma solução financeiramente viável do ponto de vista dos objectivos de uma privatização.

Por isso, e segundo a proposta de TOMÁZ ALVARÉZ GOMEZ, há que conciliar aqui as regras do Direito Administrativo e do Direito do Trabalho. Neste sentido, parece que a conciliação necessária seria a de aplicar o regime jurídico-laboral de transmissão da empresa que, prevista no direito moçambicano no artigo 26 da LT, determina a *transição ope legis* dos trabalhadores para a entidade concessionária. Todavia, como se trata de transformar uma relação de direito público em relação de direito privado, haveria também que ser respeitada a vontade do trabalhador, no sentido de saber se pretende conservar o seu estatuto de trabalhador público ou privado. Pretendendo manter o estatuto de trabalhador público, parece ser de usar aqui a figura jurídico-administrativa de destacamento[159]. Caso o trabalhador público opte por passar para o regime privado, isso implicaria a cessação do seu vínculo de trabalho com a Administração, mais preferível pela via de acordo entre as partes.

Da análise da legislação aplicável a esta tipologia de relações de trabalho sujeitas ao direito privado parece resultar claro que nas empresas estatais e públicas a aplicação da lei de trabalho é a regra, donde resulta que as derrogações constituem excepções. Tais excepções correspondem

---

[157] FERNANDA NEVES, Ana *Desassossegos de regime da função pública*, cit., pg. 50, nota 5.

[158] OTERO, Paulo. *Caminhos da Privatização da Administração Pública. Coordenadas Jurídicas da Privatização da Administração Pública*. Boletim da Faculdade de Direito da Universidade de Coimbra. Stvdia Jvridica. *IV Colóquio Luso-Espanhol de Direito Administrativo*. Coimbra Editora, 2001, pg. 48.

[159] O destacamento está previsto no artigo 83 do EGFE e é definido como *"afectação de um funcionário, por iniciativa do Estado e no interesse do Estado, a uma tarefa específica fora dos quadros de origem fora do Aparelho do Estado."*

à influência que sobre as relações de trabalho tem o fim público prosseguido por aqueles entes públicos.

Por sua vez as relações de trabalho estabelecidas entre o Estado e seus trabalhadores, sob a égide da LT, constituem uma excepção ao regime regra de aplicação do direito público. Só em determinados casos, residuais em relação à panóplia de actividades desempenhadas pelos agentes administrativos e funcionários, é que é permitido ao Estado celebrar contratos individuais de trabalho.

2.3. A natureza jurídica das situações jurídico-privadas de emprego público

A discussão sobre o problema da natureza jurídica das relações jurídico-privadas de Emprego Público, mesmo antes de discutir o seu regime jurídico, tem a sua razão de ser. É que a natureza jurídica pode responder a muitas questões que a própria lei não aborda. Por exemplo, no caso das relações jurídicas de emprego nas empresas públicas, em se tratando de serviços essenciais, qual deverá ser o regime jurídico da constituição de sindicatos? Deverá ser de todo de natureza privada ou, pelo contrário, e em virtude da ligação que este serviço público tem para com o interesse público, justifica-se que o regime seja mais próximo daquele que seja de aplicar na função pública? Na expressão de YVES SAINT-JOURS, *"la nature juridique du contrat de travail permet de déterminer soit l'ordre jurisdictionnel compétent pour connaitre des litiges éventuels, soit les régles supplétive applicables en l'occurrence: droit commun du travail ou règles de droit public"*[160].

Trata-se de determinar a essência das relações jurídico-privadas de emprego público, se são verdadeiramente relações jurídicas de natureza privada (**a**), ou se são relações jurídicas de natureza pública (**b**), mas constituídas sob forma privada;

---

[160] SAINT-JOURS, Yves. *Manuel de Droit du Travail dans le secteur public. Fonction publique. Fonction Territoriale. Entreprises publique.* L.G.D.J, Paris, 1986, pg. 30.

a) *A natureza privada da situação jurídico-privada de emprego público*

Como ponto de partida, importa clarificar que as situações jurídico-privadas de emprego público, porque produto da actividade jurídica da administração pública – aquela que se contrapõe à actividade material da Administração pública –, ela significa neste caso, a *actividade jurídica privada do Estado,* isto é, a produção de actos jurídicos em termos do direito privado pelo Estado ou, em geral, pela Administração Pública; justamente "a actividade de direito privado como uma expressão muito ampla que, no fundo, compreende todas as manifestações de actividade da Administração Pública realizadas através de institutos do direito privado"[161], incluindo a constituição de relações individuais de trabalho subordinado à luz da LT.

Assim sendo, pareceria líquida a ideia de que, em princípio, a actividade privada da administração pública tivesse de ser rotulada de natureza privada. Pelo menos, é este o entendimento do TA, expresso em dois acórdãos[162] que discutem o problema dos actos administrativos praticados como preliminar de relações jurídico-privadas da Administração Pública. Num dos casos tratou-se de um Despacho do Ministro das Obras Públicas que revoga um outro acto administrativo por ele praticado, cancelando o processo de alienação de um imóvel do Estado. Inconformado, o cidadão cujos interesses foram prejudicados recorreu do referido acto junto do TA, com fundamento na violação dos direitos adquiridos, uma vez que o despacho revogado já havia produzido os efeitos jurídicos na sua esfera jurídica.

Na apreciação da questão prévia, sobre a competência do TA, a formação da primeira secção deste Juízo decidiu que "embora o Ministro das Obras Públicas e Habitação agindo na sua qualidade de um órgão da Administração Pública, portanto, pessoa de direito público, os actos por si praticados, no âmbito contratual de arrendamento, alienação, trespasse, etc. de imóveis pertencentes ao Estado, com outras pessoas singulares ou colectivas, não se enquadram em actos ou contratos administrativos cujos

---

[161] ESTORNINHO, Maria João. *A fuga para o direito privado,* cit., pg. 40. *Apud* Carlo MARZUOLI. *Principio de Legalità e Attivittà di Diritto Privato.*

[162] Trata-se dos Acórdãos n.º 7/2004, de 17 de Setembro e do n.º 36/04-1.ª Secção, de 1 de Junho.

conflitos são conhecidos por esta instância jurisdicional, mas sim apreciados no tribunal judicial". Esta decisão, ainda que o não afirme expressamente, assume que as relações jurídico-privadas do Estado ou outras pessoas pessoas colectivas de direito público, são de natureza privada e, por isso mesmo, da competência dos tribunais judiciais.

Mas não é completamente pacífico dizer que as relações jurídico--privadas do Estado têm natureza jurídico-privada. Com efeito, elas visam a prossecução do interesse público e, por isso, sofrem, de alguma forma, vinculações de natureza pública. Com efeito, o estabelecimento de relações jurídico-privadas de emprego público é um daqueles "... casos em que a Administração Pública se serve de meios jurídico-privados para a prossecução das suas tarefas jurídico-públicas."[163] Uma coisa é certa: as relações jurídico-privadas firmadas por entes públicos "de modo contínuo, descontínuo, institucional ou ocasional, são praticados pela Administração pública e que possuem todos como traço comum, o serem regulados pelo Direito Privado"[164], que neste caso é o Direito do Trabalho.

Mesmo assim, há que "questionar se o interesse público não influencia, nos casos concretos, a própria aplicação das normas de Direito Privado ". Em relação a esta questão, parece que o legislador laboral moçambicano responde afirmativamente, pelo menos no caso das empresas públicas[165], quando diz que a LT é aplicável "às relações jurídicas de trabalho entre as empresas públicas, sem prejuízo das derrogações previstas na legislação específica aplicável"[166]. É de concluir que tais derrogações terão sempre uma natureza pública, ou seja, será por razões de direito público que a lei poderá impor derrogações ao regime geral da LT, nas relações de trabalho estabelecidas entre a Empresa Pública e os seus trabalhadores.

---

[163] ESTORNINHO, Maria João. *A fuga para o direito privado*, cit., pg. 111.

[164] ESTORNINHO, Maria João. *A fuga para o direito privado*, cit., pg. 40; *Apud* Massimo Severo Giannin. *Attività Amministrativa. Enciclopedia de Diritto*, Vol. 3, Ed. Giuffre, pg. 988.

[165] E por maioria de razão se deve entender o mesmo para as diferentes pessoas colectivas públicas, pois de todas as que mais se aproximam de esquemas jurídicos privados, quanto ao seu regime, são as empresas públicas. O Prof. Diogo FREITAS DO AMARAL afirma que "as empresas públicas, de um modo geral, estão sujeitas ao direito privado. A actividade que desenvolvem é de gestão privada". Para mais desenvolvimentos vide. FREITAS DO AMARAL, Diogo. *Curso de Direito Administrativo*. Almedina, Coimbra, Vol. I, 2.ª edição, pg. 385 e ss.

[166] N.º 2 do Artigo 2 da LT, *in fine*.

Portanto, se é certo que as situações jurídico-privadas de emprego público correspondem à actividade privada do Estado, ou em geral da Administração Pública, também não é menos verdade que a sua envolvente transcende do direito privado para o direito público. Daí que a natureza de direito privado pareça falível! Por exemplo, se se encara a empresa pública na sua globalidade, enquanto prestadora directa de um serviço público, nomeadamente fornecimento de energia, de telecomunicações, dos portos e caminhos de ferro[167], os seus trabalhadores estão muito ligados à essencialidade da sua actividade para a normalidade da vida da comunidade; mas um Auxiliar Administrativo que, à luz do disposto no artigo 34 do Estatuto Geral da Função Pública, é contratado para prestar serviços de limpeza numa Escola pública desempenha uma actividade com uma natureza meramente instrumental para o fim público a que o estabelecimento de ensino se destina. Neste caso, facilmente se pode defender a natureza privada deste vínculo laboral o que já não é muito prático em relação ao primeiro exemplo[168].

É evidente que no âmbito da actividade contratual laboral privada do Estado encontram-se patentes duas situações que importa distinguir e que têm relevância para o estudo da natureza jurídica das situações jurídico-privadas de emprego público. A primeira tem que ver com aqueles casos em que a administração actua sob forma jurídica privada para prosseguir específicos fins administrativos públicos. A segunda relaciona-se com as situações em que a actividade jurídica privada da administração só de forma mediata e indirecta concorre para a satisfação do interesse público. Neste caso, pode ser aceitável que a relação jurídico-privada de emprego público, por exemplo, estabelecida entre um Auxiliar Administrativo contratado tenha mesmo a natureza jurídico-privada. Mas o mesmo já não pode ser entendido em relação aos engenheiros da Electricidade de Moçambique com cuja actividade a empresa pública que os emprega prossegue e satisfaz de forma imediata necessidades colectivas essenciais. Neste caso, há uma maior vinculação jurídico-pública nas relações[169].

---

[167] As empresas públicas de maior projecção em Moçambique são as Telecomunicações de Moçambique (TDM), Electricidade de Moçambique (EDM), Empresa de Portos e Caminhos de Ferro (CFM) e Empresa de Correios de Moçambique.

[168] Cfr. SAINT-JOURS, Yves. *Manuel de Droit du Travail dans le secteur publique*, cit., pgs. 30 e ss.

[169] Vide, para mais desenvolvimentos, Maria João ESTORNINHO no seu percurso sobre o pensamento jurídico de Wolff e Siebert, a propósito do chamado Direito Privado Administrativo. ESTORNINHO, Maria João. *A fuga para o Direito privado*, cit., pgs. 121 e ss.

Em suma, poder-se-ia considerar situações jurídico-privadas de emprego público, com natureza de direito privado aquelas que não concorrem de forma imediata para a satisfação das necessidades colectivas. E seriam de natureza jurídico-pública aquelas relações jurídico-privadas que concorrem directamente para a prossecução imediata de necessidades colectivas.

Mas esta divisão, teoricamente aceitável, tem o grande inconveniente de ser pouco prática, na medida em que, em termos práticos ela traz consigo "... inúmeras dificuldades ...tais como, as de traçar exactamente a fronteira entre a prossecução de forma directa ou indirecta de fins públicos pela Administração Pública"[170].

Por outro lado, pode ainda dizer-se que se o conceito de relação jurídico-privada de emprego público é uno, não tem lógica e nem faz sentido que a sua essência seja dupla, isto é, uma de direito público e outra de direito privado. A sua natureza ou é de direito privado ou, de uma vez por todas, é de direito público. A posição a adoptar depende ainda do estudo de outras possibilidades que o tema oferece.

Mas, apesar dos seus inconvenientes práticos, a divisão entre uma maior ou menor participação na prossecução do interesse público não deve ser deixada de parte, pois pode ser útil para a adaptação das normas de direito do trabalho às situações jurídicas de emprego público. Na consagração do regime da Lei n.º 23/2004, de 22 de Junho, o legislador português perfilha implicitamente esta divisão, embora o faça na perspectiva do exercício do poder público e na execução do serviço público.

b) *A natureza pública da situação jurídico-privada de emprego público*

É indubitável que o Estado tem por missão a prossecução do interesse público, mesmo quando o não faz de forma directa, mas através da chamada administração indirecta do Estado ou por outras formas, nomeadamente a gestão privada do serviço público. "Ora, a relação de emprego público, como a própria expressão o dá a entender, tem uma natureza jurídico-pública, o que quer dizer que através dela visa a realização de inte-

---

[170] ESTORNINHO, Maria João. *A fuga para o Direito privado*, cit., pg. 127.

resses públicos donde resulta que para a respectiva regulamentação relevam, por conseguinte, as normas de direito público, mais concretamente do Direito Administrativo"[171].

Neste sentido, parece mais líquido defender que as relações jurídico-privadas de emprego público têm natureza jurídica de direito público. Com efeito, "apesar de constituída sob forma privada", a relação de emprego público, traduzindo uma verdadeira relação individual de trabalho, na medida em que o trabalhador público, ao prestar a sua actividade para o Estado ou outras pessoas colectivas de direito público, mediante uma remuneração, encontra-se na dependência hierárquica e funcional dos respectivos órgãos e sob autoridade direcção, isto é, uma verdadeira situação de subordinação jurídica", essa relação recebe vinculações públicas.

Mas, uma mais atenta contemplação às relações de trabalho que o Estado celebra, por exemplo, ao abrigo do artigo 34 do Estatuto Geral dos Funcionários do Estado, por contraposição àquelas que visam "o desempenho de actividades correspondentes a necessidades permanentes e próprias dos serviços e que exija(m) qualificação académica e técnico-profissional ou formação específica"[172], facilmente se chegará à conclusão de que só nestas últimas é que ocorre uma maior e mais directa satisfação do interesse público. Com efeito, neste segundo caso, está patente a noção do Agente Administrativo, cujo lugar corresponde a uma necessidade permanente e própria do serviço.

E porquê assim? Justamente porque as necessidades colectivas são permanentes e contínuas, daí que os lugares que são criados no quadro de pessoal da Administração Pública para as satisfazer também são permanentes e próprias; o que já não acontece com as relações estabelecidas no âmbito do disposto no artigo 34 do Estatuto Geral dos Funcionários do Estado, pois como a própria lei o afirma, sob a epígrafe de "contratos fora do quadro", os contratados visam "a execução de actividades de natureza não permanente que exijam conhecimentos técnicos especializados"[173].

Portanto, neste caso, o carácter não permanente da função já, de per si, denuncia o facto de não concorrer directamente para a prossecução

---

[171] LOURENÇO, José Acácio. *As Relações de Trabalho nas empresas públicas*, cit., pg. 38.
[172] Artigo 4 do Decreto n.º 64/98, de 3 de Dezembro.
[173] Alínea b), do n.º 1, do artigo 34 do Estatuto Geral dos Funcionários do Estado.

do interesse público, ainda que seja uma relação de trabalho estabelecida com um ente público.

Como se pode ver, a ideia de prossecução do interesse público como critério para a qualificação da natureza jurídica das situações jurídico--privadas de emprego público, não é suficiente e é muito pouco pacífica. Todavia, o facto de a relação ser estabelecida com um ente público deveria ter algumas consequências para o vínculo. Na verdade ao fim e ao cabo, tais relações visam a prossecução do interesse público e, por isso, não podem ou não deveriam estar na total disponibilidade das partes, o que pode resultar na sua submissão incondicional ao direito privado. Parece ter sido este o pensamento do legislador ao estabelecer, por exemplo, a greve nos serviços essenciais, ao consagrar tal direito mas compatibilizando-o com as necessidades que aqueles serviços visam satisfazer. Com efeito, "os limites ao direito de greve, ...justificam-se não em razão do status do trabalhador, mas em decorrência da natureza dos serviços prestados, que são públicos, essenciais, inadiáveis, imantados pelo princípio da predominância do interesse geral"[174].

Por isso, apesar de ser mais difícil defender a tese do carácter público das situações jurídico-privadas de emprego público, é inegável que o escopo visado pelas pessoas colectivas públicas que as estabelecem com os particulares tem sobre elas alguma influência.

Daqui se pode dizer que as situações jurídico-privadas de emprego público têm natureza de direito privado, mas o seu regime há-de sofrer influência decorrente do fim a que se encontra adstrita a pessoa colectiva que ocupa o lugar de empregador.

c) *Posição Adoptada*

A essência das situações jurídico-privadas de emprego público é de direito privado. Com efeito, quando os entes públicos os celebram, fazem-no em pé de igualdade com os particulares, aliás, nem sequer são estabelecidas sob forma de Despachos de nomeação ou de contrato administrativo de provimento. Trata-se, no fundo, de acordos contratuais esta-

---

[174] BRAMANTE, Ivani Contini. *Direito Constitucional de Greve dos Serviços Públicos-Eficácia Limitada ou Plena? Emenda Constitucional N.º 19*. Artigo Disponível na Internet, sem data, pg. 2. Sitio *Jus Navidang*.

belecidos entre a Administração Pública e os particulares. A este respeito TOMAZ ALVAREZ escreve que "*recordamos na interpretación doctrinal e jurisprudencial respecto a la equiparación del poder público a un empresario privado, cada vez que contrate com sus proprios trabajadores; en tal ocasión, el órgano administrativo en cuestión perdía la consideración de sujeito titular de imperium, para serle de aplicacion por el contrario las normas de derecho laboral*"[175].

Porém, apesar da natureza jurídica de direito privado, que a relação jurídico-privada de emprego público apresenta, "importa, aqui a aplicação do correcto sentido da ideia de equiparação da administração pública ao empregador privado, quando ela emprega mão-de-obra pela [lei do trabalho], para afastar a errónea ideia que se possa formar sobre o empregador público deixar de ser administração pública, numa relação regida pela [LT], para ser um empregador privado, pois a existência de um contrato de trabalho não pode derrogar toda a disciplina constitucional e legal acerca da administração pública. Com efeito, mesmo nesses actos ou contratos o poder público não se liberta de exigências administrativas que devem anteceder o negócio jurídico almejado, já que, a administração pública tem o dever somente de celebrar contrato cujo fim imediato seja o interesse público. Ademais, tem o dever de não dispor da coisa pública, que é indisponível. Portanto, não pode pactuar com autonomia da vontade"[176].

É esse o sentido da norma constante do n.º 1 do artigo 4 da Lei das E.E. que determina que "como conquista do povo, o património das empresas estatais, deve ser especialmente protegido e defendido". Mais esclarecedora é a disposição constante do n.º 7 do artigo 15 do diploma legal em referência quando dispõe que "o director-geral da empresa estatal está sujeito às normas de trabalho e disciplina no Aparelho do Estado". Portanto, aos dirigentes destas empresas, ainda que contratados em regime privado, aplica-se o regime público[177].

---

[175] ALVAREZ, Tomaz Gómez. *La transformacion de la administracion publica*, cit., nota de rodapé 1, pg. 297.

[176] BERGAMO, Benedito Libério. *A administração pública, quando contrata pela CLT, equipara-se ao empregador privado. Uma afirmação que tem limitado a competência material da justiça do trabalho*. Jus Navigand, artigo sem data e paginação. O Autor é Procurador Autárquico em São Paulo.

[177] As normas de trabalho e disciplina no aparelho do Estado, aprovadas pelo Decreto n.º 16/78, de 21 de Outubro, são predecessoras do Estatuto Geral dos Funcionários do Estado.

Em conclusão, pode dizer-se que as relações jurídico-privadas de emprego público têm natureza jurídico privada, mas, todavia, sofrem vinculações jurídicas de natureza pública[178], dada a sua ligação com a missão de prossecução do interesse público pela Administração. O resultado desta dupla subordinação, no entender de RAMÓN PARADA, é que a dependência deste tipo de relações ao direito do trabalho é cada vez mais formal, pois do ponto de vista material existe uma crescente aplicação do regime da função pública ao colectivo dos trabalhadores em direito privado na AP[179].

2.4. O regime jurídico das relações jurídico-privadas de emprego público

Sendo as situações jurídico-privadas de emprego público de natureza privada, logicamente que o seu regime há-de ser de direito privado. Referir-se ao regime do Direito Privado não é apenas uma simples remissão para a LT, mas fundamentalmente a aplicação, em geral, das Regras do Direito Civil e, em particular, das do Direito do Trabalho. Portanto, tais relações hão-de ter o traço comum de serem reguladas pela LT.

Do acima exposto, resulta que o regime de aplicação da LT nas relações jurídico-privadas de emprego público é uma remissão directa da própria lei. Mas, em atenção ao carácter público dos fins a que a relação se encontra adstrita, a aplicação da LT não é incondicional, pois está sujeita aos limites e condições de natureza públicas.

Quer isto dizer que a *constituição a), conteúdo b), modificação c) e extinção d)* da relação jurídico-privada de emprego público rege-se, em primeira linha, pela LT e, em geral, pelo Direito do Trabalho. Todavia, onde o interesse público o exigir, especiais derrogações podem ser aplicadas ao regime da lei de trabalho quando rege relações jurídicas de emprego público.

---

[178] O recurso ao direito privado não corresponde a uma sua utilização pura, pois sempre existirá uma necessária coloração pública. FERNANDA NEVES, Ana. «*Desassossegos» de regime na função pública,* cit., pg. 60.

a) *O regime da constituição da relação jurídico-privada de emprego público*

O Contrato Individual de Trabalho – Todos os tipos de relação jurídico-privada de emprego público resultam, em primeiro plano, da via contratual. Com efeito, os regimes das empresas estatais, das empresas públicas, da Administração Pública estadual, dos entes públicos criados pelo Estado, apontam para a constituição das relações de trabalho por via do contrato individual do trabalho. Não há, portanto, no direito moçambicano, nenhuma relação jurídico-privada de emprego público constituída na base de um acto administrativo ou contrato administrativo de provimento.

Porém, no âmbito da actividade contratual privada do Estado, duas questões se levantam, a saber: a posição do acto administrativo que precede a constituição do acto privado e a jurisdição competente para conhecer da ilegalidade do referido acto.

Tal como em qualquer processo de formação do contrato individual de trabalho, "com a existência de vários actos dotados de relevância jurídica"[180], o acto administrativo que precede ao estabelecimento da relação jurídico-privada constituirá um acto juridicamente relevante para a vida do contrato. O problema que a propósito destas matérias se levanta é saber se o acto praticado pela autoridade pública na sequência de um procedimento que visa o estabelecimento de uma relação jurídico-privada, mantém ou não a sua qualidade de acto administrativo. A propósito deste problema a Jurisprudência do TA moçambicano vai no sentido de que os actos praticados na sequência de um procedimento que leva ao estabelecimento de uma relação de direito privado, "ainda que agindo na sua qualidade de titular de um órgão da Administração pública, portanto pessoa do direito público, os actos por si praticados, no âmbito contratual de arrendamento, alienação, trespasse, etc. ..., com outras pessoas singulares ou colectivas, não se enquadram em actos e ou contratos administrativos"[181].

É assim também no direito comparado, nomeadamente no direito português, conforme escreve Maria João ESTORNINHO[182]. Trata-se, por-

---
[179] PARADA, Rámon. *Derecho Administrativo* II, cit., pg. 415.
[180] MENEZES CORDEIRO, António. *Manual de Direito do Trabalho*, 1999, cit. pg. 556.
[181] Acórdão N.º 36/04-1.ª.
[182] Cfr. ESTORNINHO, Maria João. *Contratos da Administração Pública (esboço de autonomização curricular)*, Coimbra, 1999.

tanto, de actos de administração, isto é, actos de gestão privada da própria administração e daí que a sua validade deve ser vista como a de qualquer outro acto precedente da celebração de um contrato individual de trabalho.

Por isso, a validade do contrato celebrado pela Administração Pública vai depender, de certa forma, da legalidade do acto administrativo que o precede[183]. E, por razões de oportunidade, o controlo de legalidade destes actos administrativos que precedem a celebração dos contratos de direito privado pela AP, como é o caso do contrato individual de trabalho, compete aos tribunais comuns. Neste caso, operará a regra da invalidade dos *contratos de trabalho* nos termos da qual "o contrato de trabalho declarado nulo ou anulado produz todos os efeitos de um contrato válido, se chegar a ser executado e durante todo o tempo em que estiver em execução"[184]. Durante este lapso de tempo, em que um contrato irregularmente celebrado estiver válido, o trabalhador da Administração assume, segundo a doutrina francesa, a qualidade de *agente aparente* e na doutrina portuguesa *agente putativo*.

Ainda no processo da formação dos contratos individuais de trabalho com a Administração, tem interesse discutir o problema de alguns dos pressupostos contratuais. Salvo melhor opinião, é neste aspecto, que a divergência entre os regimes laboral comum e o da função pública mais se faz sentir; pois o Estatuto Geral dos Funcionários do Estado tem, a propósito dos pressupostos, um regime próprio que, para o ingresso na função impõe a idade mínima de 18 anos e a máxima de 35 anos. A celebração dos contratos de trabalho entre a Administração estadual, pelo menos, decorre do próprio estatuto da função pública que, nesta matéria, difere em muitos aspectos da LT, nomeadamente em matéria da idade mínima, para efeitos de capacidade negocial, estabelecida em 15 anos, a exigência da nacionalidade moçambicana pelo Estatuto, quando a LT apenas consagra restrições à contratação de estrangeiros.

Qual dos dois regimes vingará? Será que, uma vez autorizada a celebração de contratos pela Administração Pública estadual, pelo Estado Geral da Função Pública, este diploma legal desinteressa-se por completo

---

[183] Escreve, a este propósito, o Prof. MENEZES CORDEIRO, que "falar de formação de um contrato como processo implica focar o objectivo final – a celebração válida de um contrato – como critério último de valoração dos diversos actos processuais que o antecedem". MENEZES CORDEIRO, António. *Manual* de *Direito do Trabalho*, cit., pg. 556.

[184] Artigo 12, n.º 2 da LT.

das relações de trabalho que vão ser celebrados pela Administração Pública? Será que as razões de interesse público que determinaram a imposição dos pressupostos, ou requisitos gerais de provimento na função pública, para usar a linguagem da própria lei, não são aplicáveis às situações jurídico-privadas de emprego público?

A resposta a esta questão deve ser consentânea, em primeiro lugar, com a que foi dada a propósito da natureza jurídica das situações jurídico-privadas de emprego público. Elas são de natureza jurídica privada; todavia, a sua natureza privada não deve ser completamente dissociada do facto de que mesmo com o estabelecimento delas a Administração Pública não deixa de pretender prosseguir o interesse público, ou seja, em último caso, "é o interesse público que o Estado e os demais entes públicos prosseguem através dos seus agentes e funcionários que vinca e modela o conteúdo das relações de trabalho que os primeiros estabelecem com os segundos"[185]. Só que, ainda que o interesse público esteja presente em qualquer relação jurídica de emprego público, há que ter sempre presente que quando o Estado estabelece relações jurídico-privadas é porque considera que esta é a melhor e mais eficiente forma de prosseguir o interesse público, devendo-se daqui tirar as necessárias consequências.

Alguma doutrina chega mesmo a afirmar que o regime do direito privado constitui um alternativa à rigidez das normas do regime da função pública[186]. Pelo que, se o recurso ao regime laboral constitui um meio alternativo à rigidez do regime público, não fará, pois, sentido que a AP volte a sujeitar ao direito público as relações que constitui ao abrigo do direito privado.

Há uma pista que o Estatuto Geral dos Funcionários do Estado dá no artigo 34, a propósito dos salários a pagar ao pessoal contratado. Com efeito, os salários da função pública são de natureza estatutária, mas o regime da função pública admite, a propósito dos trabalhadores contratados, o regime da negociação particular, mas "a remuneração acordada não pode ser mais favorável que a definida para o nível mais baixo das carreiras de regime geral de conteúdo ocupacional equiparável ao contratado"[187]. Portanto, admite-se, a este propósito, a aplicação das regras de

---

[185] LOURENÇO, José Acácio. *Relações de Trabalho*, cit., pg. 43.
[186] PALOMAR OLMEDA, Alberto. *Derecho Administrativo II. Parte especial*, 2.ª edição, pg. 353.
[187] Artigo 34, n.º 1, al. c).

direito privado, embora dentro de determinados limites legais; e por que razão não haveria de se admitir a mesma solução quanto aos requisitos de acesso ao emprego público, de acordo com o contrato individual de trabalho?

Não parece poder, sobre esta matéria, restar alguma dúvida quanto ao facto de que se a relação de trabalho for estabelecida de acordo com o contrato individual de trabalho, as regras aplicáveis devem ser as do próprio contrato individual de trabalho, designadamente a LT.

Desde logo porque, submeter a parte relativa aos pressupostos do contrato de trabalho ao regime público, seria, por um lado, reger uma mesma relação jurídica por dois regimes diferentes e, por outro, seria também submeter o mesmo facto jurídico – o contrato de trabalho – a regimes diferentes, sem que isso decorra da própria lei. Ora, onde o legislador não distingue não pode o intérprete distinguir, é o que diz este velho princípio de direito.

Sobretudo porque se trata de regular uma matéria que faz parte do próprio âmbito de aplicação da LT. Com efeito, é o próprio regime da lei que preceitua que as suas disposições são aplicáveis às relações de trabalho estabelecidas no sector estatal, pelo que qualquer derrogação deve decorrer da própria lei e não de mera interpretação das normas. Por exemplo, quanto à matéria de contratação de *não nacionais,* vigora aqui o regime derrogatório da Constituição da República que estabelece balizas quanto à contratação de estrangeiros para o exercício de funções públicas: *só as que não estiverem especialmente vedadas pela própria Constituição ou lei especial*[188] é que se encontram disponíveis para esse efeito. Por último, é a própria remissão, pelo menos no que diz respeito às empresas públicas e empresas estatais, que determina que o regime de contratação dos trabalhadores nestas empresas é de direito privado.

Em direito comparado, nomeadamente o regime criado pela Lei n.° 23/2004, em relação aos pressupostos contratuais, não distingue entre o regime público e o regime privado. Aliás, como refere Maria do Rosário PALMA RAMALHO, o recurso ao contrato individual de trabalho constitui

---

[188] O Artigo 30 Constituição da República de Moçambique, de 22 de Dezembro de 2004, não regula directamente a questão da contratação de estrangeiros. Estabelece sim restrições ao exercício de funções públicas por moçambicanos de nacionalidade adquirida.

um mecanismo de fuga aos apertados mecanismos de contratação na Administração Pública.

As *relações contratuais de facto*: ainda que não conste directamente do regime das pessoas colectivas de direito público, é de admitir que as situações jurídico-privadas de emprego público possam ser estabelecidas pela via da integração do trabalhador na organização funcional da entidade empregadora, neste caso a administração pública. Foi a situação que, por exemplo, aconteceu no caso Universidade Eduardo Mondlane Vs. P.M.. No caso em referência, a UEM, pessoa colectiva de direito público, lançou um concurso público para a contratação de docentes para o Departamento de Química ao qual se candidatou e ficou aprovado o cidadão P.M., tendo iniciado funções de docente, embora não tivesse sido celebrado ainda contrato formal.[189]

Na apreciação do caso, num claro acolhimento da *teoria das relações contratuais* de facto, o TA fez uso da disposição do artigo 5, n.º 2 da LT para afirmar que *"A relação jurídico-laboral presume-se existente pelo simples facto de o trabalhador estar a executar uma determinada actividade remunerada com conhecimento e sem oposição da entidade empregadora"*, o que efectivamente aconteceu entre a UEM e o cidadão recorrente. A Relação Jurídico-laboral entre o referido docente e a Universidade Eduardo Mondlane apresentava toda a fisionomia de uma relação de trabalho com a natureza jurídico-pública[190], mas nem por isso o Tribunal deixou de vincar a possibilidade da vigência da teoria das relações contratuais de facto que, no caso em referência, a sua utilidade tem a ver com as relações de trabalho estabelecidas de modo irregular.

A teoria das relações contratuais de facto não é estranha à doutrina publicista, nomeadamente em MARCELLO CAETANO, a propósito do estudo dos agentes administrativos de facto, nas situações em que, havendo provimento irregular ou extraordinário de funções, o indivíduo é aceite pacífica e publicamente como agente administrativo e que exerça funções no interesse geral[191].

---

[189] O n.º 2 do artigo 25 do EGFE determina que "o provimento provisório tem carácter probatório e visa predominantemente a formação do funcionário para o exercício do cargo a desempenhar"

[190] Vide Infra, capítulo III.

[191] CAETANO, Marcello. *Manual de Direito Administrativo*. Vol. II, Almedina, Coimbra, 1994 (10.ª edição revista e actualizada pelo Prof. Diogo Freitas do Amaral), pg. 644.

b) *Conteúdo da situação jurídico-privada de emprego público*

Defende alguma doutrina que a sujeição das situações jurídico-privadas de emprego público ao direito de trabalho e, por vezes, ao direito público permite a delimitação do campo de incidência das normas de cada ramo do direito. Em se tratando do direito de trabalho, "traça simplesmente os contornos dos direitos e deveres mútuos na execução do contrato e dos efeitos da extinção do mesmo"[192]. Neste sentido, pode dizer-se que os direitos e deveres dos trabalhadores da Administração Pública em regime de direito privado, regem-se pela LT. Mas a este propósito, não é de menor importância a discussão do tema dos direitos fundamentais dos trabalhadores. A questão que se coloca é se o exercício destes direitos, nomeadamente os direitos colectivos dos agentes da administração seguem, sem mais nem menos, o regime do direito privado ou se, pelo contrário, o interesse público prosseguido pelas PCP's há-de contender e condicionar o exercício de tais direitos.

Em matéria de greve, por exemplo, o problema que se coloca é relativo à questão de saber se os agentes de administração seguem o regime geral ou o regime da greve nos serviços essenciais.

Ora, considerando que a entidade empregadora é uma pessoa colectiva de direito público cuja finalidade é a satisfação do interesse público, seria, em princípio, de admitir que todas as pessoas colectivas, porque visam a satisfação do interesse público, se situam no âmbito dos serviços essenciais e, por isso, o regime da greve é o dos serviços essenciais.

c) *A modificação da situação jurídico-privada de emprego público*

Nas relações jurídico-públicas de emprego público encontra-se, como característica fundamental, a possibilidade de modificação unilateral da relação, por parte do ente público, por conveniência de serviço. Esta regra não vinga nas situações jurídico-privadas de emprego público, pois o Estado as estabelece com os particulares em pé de igualdade. Pelo que a modificação da relação seguirá o regime do disposto no artigo 24 da LT, isto é, ela só opera mediante acordo com o particular.

---

[192] BERGAMO, Benedito. *A Administração pública, quando contrata...*, cit., pg. 4.

Todavia, há que chamar atenção aqui para o facto de que, sendo a entidade empregadora uma pessoa de colectiva de direito público, cujo fim é a prossecução do interesse público, se razões de interesse público o exigirem, o Estado pode recorrer para o mecanismo da *requisição civil* para modificar a relação. Mas, mesmo neste caso, quer parecer que a referida modificação só é concebível se for temporária, sobretudo em matéria do objecto do contrato de trabalho, pois caso contrário estar-se--ia em face de uma violação ao princípio constitucional da livre escolha da profissão[193].

É o que acontece, por exemplo, no Direito português, onde a requisição, bem como o destacamento são legalmente definidas como "o exercício de funções a título transitório em serviço ou organismo diferente daquele a que pertence o funcionário ou agente, sem ocupação do lugar do quadro", donde decorre que estas duas figuras "caracterizam-se como formas transitórias de exercício de funções. E, tanto é assim, que estão em princípio sujeitas a limites temporais, fazendo-se por períodos de um ano"[194]. Quer isto dizer que a requisição e o destacamento funcionam como que um poder de *ius variandi* atribuído ao Estado enquanto entidade empregadora.

Doutrina contrária a esta posição é defendida por André de LAUBADÀRE para quem o princípio que se deve defender, hoje em dia, é o de que os funcionários se encontram numa situação legal e regulamentária, portanto, não subjectiva, donde resulta que, entre outras consequências, o Estado possa modificar unilateralmente o conteúdo da relação[195]. Mas, como mais adiante se demonstrará, esta forma de ver as coisas corresponde à concepção clássica do emprego público que se encontra actualmente ultrapassada pelos regimes constitucionalistas modernos, protectores dos direitos fundamentais dos trabalhadores.

---

[193] "Cada cidadão tem direito à livre escolha da profissão" é o que dispõe o artigo 88, n.º 2 da Constituição da República de Moçambique (CRM).
[194] ASSIS, Raúl. *Mobilidades*. Artigo sem data publicado na internet em "a página da educação".
[195] LAUBADÈRE, André. *Traité de Droit Administratif,* cit., pgs. 31 a 32.

d) *A extinção da situação jurídico-privada de emprego público*

A matéria da extinção desta situação jurídica coloca problemas interpretativos, sobretudo quando se trata de situações jurídico-privadas de emprego público constituídas pelo Estado. Com efeito, o artigo 34 do EGFE determina que os contratos fora do quadro regem-se por regime próprio.

Para regular alguns aspectos do contrato fora do quadro, foi aprovado o Decreto n.º 24/94, de 28 de Junho. Para efeitos de cessação das relações de trabalho constituídas na base do artigo 34 do EFGE, este Decreto dispõe que: "o contrato pode ser denunciado ou rescindido por justa causa, nos termos da lei". A questão que esta disposição levanta é a de saber que lei regula esta denúncia e a rescisão com justa causa. A interpretação daquele preceito, relativa à expressão «nos termos da lei», faz surgir duas correntes, designadamente a corrente de que a cessação do contrato há de ser regulado pelo regime de direito público (**d.1**) e a corrente de que a cessação é regulada pelo regime laboral comum (**d.1**).

d.1) *A corrente da extinção pelo regime público*

Defende esta corrente que o EGFE deve ser interpretado de acordo com a regra da interpretação sistemática. Neste sentido, deve partir-se da ideia de que quando o EGFE foi aprovado, incluía dois tipos de contrato de trabalho na AP, nomeadamente o contrato administrativo de provimento e o contrato fora do quadro. Já nessa altura, o mesmo EGFE continha disposições que regulavam a cessação da relação de trabalho no A.E., isso nos artigos 228 e seguintes.

Aquando da introdução das reformas na AP, o legislador decidiu revogar o contrato administrativo de provimento, tendo, no entender desta corrente, também revogado as disposições referentes à cessação deste contrato. Por outro lado, manteve em vigor disposições referentes à denúncia e rescisão dos contratos de trabalho, mesmo sabendo que o contrato administrativo de provimento foi revogado. Ora, a manutenção de tais disposições só pode significar que o legislador pretende que a cessação dos contratos fora do quadro, admitidas pelo artigo 34 do EGFE, seja feita nos termos dos artigos 234 e 235 do EGFE.

Por isso, deve dizer-se que as relações jurídico-privadas de emprego público, constituídas no A.E. devem cessar nos termos do EGFE. É esta a posição desta corrente.

d.2) *A corrente da extinção pelo direito privado*

Esta corrente, perfilhada nesta dissertação, defende que o regime da cessação das relações jurídico-privadas de emprego público é regulado pelo regime laboral comum.

Primeiro porque estas relações são constituídas nos termos e moldes da LT e não faz sentido que em matéria da cessação do vínculo a mesma relação seja regulada pelo direito público. Com efeito, a dupla incidência do direito de trabalho e do direito público, que se verifica nas situações privadas de emprego público aplica-se em situações distintas. A incidência do direito público sobre as situações de emprego privado resulta do interesse público subjacente, que não se verifica no caso da cessação da relação.

Não se vê em que termos o interesse público impor-se-ia sobre a matéria da cessação do contrato. Uma coisa é o facto de, por razões de interesse público, ter de cessar a relação. Neste caso, pensa-se, o interesse público seria o fundamento da denúncia do contrato, denúncia esta a fazer-se em termos do direito privado. P.e.: o novo Governo da República de Moçambique (RM), entrado em funções em Fevereiro deste ano, estabeleceu como linha mestra da sua governação o princípio da austeridade e racionalização dos recursos públicos. Esta racionalização, feita em nome do combate à pobreza absoluta, no sentido de que os recursos poupados serão canalizados para sectores vitais, constitui uma razão de interesse público. Esta racionalização pode determinar a extinção de muitos contratos de trabalho na AP. Nesse caso, o interesse público vai constituir o fundamento da denúncia dos contratos de trabalho.

Outra razão resulta da ideia de que a incidência das normas de direito público nas relações jurídico-privadas tem em vista a protecção de terceiros e não propriamente os sujeitos da relação. Pelo que a cessação do contrato de trabalho, sendo uma situação relativa às partes, deve sujeitar-se ao regime privado.

Por outro lado, no Decreto n.º 24/94, que aprova o regime da contratação fora do quadro, onde o legislador quis que fosse aplicado o regime do EGFE, fé-lo de modo expresso e inequívoco. É o caso do artigo 3 do diploma em referência, que estende as regalias dos funcionários do Estado aos trabalhadores contratados.

Pode ainda dizer-se que, ao manter em vigor o regime da denúncia e da rescisão dos contratos fora do quadro, o legislador teve em conta situações em que poderia recorrer aos chamados funcionários eventuais. É o caso dos professores do ensino primário e secundário, contratados ao abrigo do artigo 34 do EFGE, cujos contratos têm a natureza de contratos de direito público. Para estes casos, a cessação do contrato de trabalho reger-se-á pelo Direito Público, dada a natureza pública do vínculo.

Por isso, é de concluir que a extinção da relação de emprego público há de reger-se por normas de direito privado, isto é, pelo regime previsto na LT.

Todavia, convém referir que onde a continuidade do serviço público o exigir, a cessação material do vínculo começa a operar a partir do momento em que o funcionamento do serviço público o permitir. Esta forma de ver as coisas limita a liberdade do trabalhador extinguir com efeitos imediatos o seu vínculo laboral com a Administração. Mas, neste caso, o que acontece é justamente a necessidade de proteger terceiros, em nome do interesse público. É a incidência do interesse público que impõe o dever de manutenção no posto de trabalho, para não comprometer a continuidade do interesse público. O dever de manutenção no posto, faz parte do conteúdo da situação jurídica de emprego público.

A LT consagra, no artigo 62, seis modalidades de cessação do contrato de trabalho, designadamente a caducidade, mútuo acordo das partes, rescisão por qualquer das partes no período probatório, rescisão unilateral de qualquer das partes contratantes com justa causa, rescisão unilateral de qualquer das partes com aviso prévio e rescisão do contrato por falta de recursos económicos. Segundo ROMANO MARTINEZ, a evolução dogmática já verificada no Direito Civil fez com que, no novo CT se fizesse referência às quatro modalidades de cessação do contrato do trabalho: caducidade, revogação, resolução e denúncia[196]. O acolhimento desta evolução mostra-se aconselhável, no direito moçambicano.

---

[196] ROMANO, MARTINEZ. *Apontamentos sobre a cessação do contrato de trabalho à luz do Código do Trabalho,* AAFDL, Lisboa, 2004., pg. 7.

e) *O regime da segurança social*

Do que se acha disposto no artigo 3, n.º 1 do Decreto n.º 24/94, que regulamenta a contratação fora do quadro, por interpretação *a contrario sensu,* pode-se chegar à conclusão de que o regime geral da segurança social é de o da LT, excepto se o contrato tiver sido celebrado por tempo indeterminado, desde que o contratado declare por escrito pretender satisfazer os encargos. Pelo que, conforme estabelece a norma em referência, se o "contratado vier a adquirir direitos nos termos legais" poderá beneficiar da aposentação e de pensão de sobrevivência do Estado.

Mas, se por alguma razão cessar o contrato com a Administração Pública, pode beneficiar do princípio da articulação de sistemas, consagrado pelo artigo 192 da LT, podendo passar do sistema do Estado para o Sistema Nacional de Segurança Social se, entretanto, vier a continuar com a sua vida laboral com entidades empregadoras privadas.

2.5. A problemática da jurisdição competente para dirimir conflitos emergentes das situações jurídico-privadas de emprego público

O problema da jurisdição competente para dirimir os conflitos emergentes deste tipo de relações, embora matéria do regime jurídico, merece tratamento autónomo, na medida em que não tem sido pacífico, no direito moçambicano. Chega-se ao ponto de casos de conflito negativo de Competências entre o TA e as secções laborais dos tribunais comuns.

Um exame minucioso das decisões do TA deixa descobrir que, para efeitos de fixação da jurisdição competente, esta formação adopta o **critério do contrato (a)**, enquanto que os tribunais comuns vão mais pelo critério da natureza jurídica de pessoa colectiva de direito público que contrata, o que se pode apelidar de **critério dos sujeitos (b)**.

a) *O critério do contrato*

Para os efeitos do presente trabalho, entende-se como critério do contrato a qualificação da natureza jurídica da situação de emprego público, como de direito privado e, por isso mesmo, da competência dos tribunais comuns[197], pelo simples facto de ter origem num contrato de trabalho estabelecido entre a Administração Pública e os Particulares.

Nas decisões em que o TA recorreu ao critério do contrato, é mais notório o Ac. n.º 81/2004, nos termos do qual "o n.º 1 do artigo 34 do EGFE ao remeter os contratos ao seu regime próprio, obviamente que não se refere a regime público".

Neste acórdão, o TA vinca o facto de as relações jurídico administrativas derivarem de actos de natureza pública, nomeadamente o acto administrativo e o contrato administrativo, neste caso de provimento. Mas, tal posição não é suficiente para o esclarecimento de algumas questões relativas à determinação da competência dos tribunais. Por exemplo numa acção judicial emergente de uma relação laboral proposta contra o Instituto Nacional do Cinema (pessoa colectiva de direito público), junto da 11.ª secção laboral do TJCM, este Tribunal declarou-se incompetente para julgar o litígio laboral em causa, alegando que esta questão era da competência do TA. No despacho onde o Tribunal se julga incompetente, não há nenhuma referência ao critério jurídico empregue para a determinação da competência do TA.

O artigo 17 do Decreto n.º 41/2000, de 31 de Outubro, determina que os funcionários do INC regem-se pelo EGFE, mas não diz se são ou não funcionários públicos. Aliás, só para ilustrar a perplexidade que a questão levanta, nos autos do processo n.º 168/2002 da 1.ª secção do TA, o respectivo Juiz Relator proferiu um Despacho nos termos do qual o recorrente, por coincidência ex-funcionário do INC, deveria provar a sua qualidade de funcionário público, o que quer dizer que se ele não consegue provar tal categoria, aquela formação do TA julgar-se-á incompetente.

Portanto, a titularidade de determinada qualidade jurídica é decisiva para a escolha da jurisdição competente para apreciar o litígio emergente da respectiva relação de trabalho. É que, no entender do TA, "o EGFE, de acordo com o n.º 1 do artigo 6, ele aplica-se aos funcionários do Estado da República de Moçambique em serviço no País e no exterior e não a agen-

---

[197] Esta questão da relação entre o direito aplicável e o foro competente não pode ser vista como necessária, pois é possível que através de uma norma de remissão uma determinada jurisdição faça uso de um ramo de Direito que tradicionalmente pertence a outras jurisdições.

tes fora dos quadros, sem a qualidade de funcionários, conforme prescrito pelo n.º 3 deste preceito"[198].

É evidente que, se este critério do contrato pode ser um ponto de partida para determinar a jurisdição competente não é, *de per si*, bastante, pois parte do pressuposto de que, porque a contratação para o exercício de funções na Administração Pública, fora do quadro, nos termos do artigo 34 do Estatuto Geral dos Funcionários do Estado, rege-se por regime próprio, esse regime só pode ser de direito privado. Tal conclusão não é de todo correcta, pois no ordenamento jurídico moçambicano podem encontrar-se **agentes administrativos** fora do quadro, nomeadamente dos casos do exercício excepcional de funções previstas nos qualificadores profissionais da função pública em regime de contrato, como acertadamente reconhece o legislador no preâmbulo do Decreto n.º 78//99, de 1 de Novembro. Lê-se no referido diploma legal que "o Decreto n.º 65/98 de 3 de Novembro, confere nova redacção ao artigo 34 do EGFE, definindo novos critérios para a contratação de pessoal fora do quadro. Verificando-se que tal redacção veda em absoluto a possibilidade de contratação de pessoal para a docência, a fim de suprir as necessidade de serviço..". Esta impossibilidade resulta do facto de, por um lado, as tarefas exercidas pelo pessoal docente estarem previstas nos qualificadores profissionais em vigor no Aparelho do Estado e, por outro, pelo facto de as respectivas vagas corresponderem a necessidades permanentes e próprias de serviço da educação, como está implícito no preâmbulo em referência.

Pelo que, ao abrigo do Decreto n.º 78/99, de 1 de Novembro, passa a existir pessoal que trabalha para a Administração, mediante celebração de contratos de trabalho, para a satisfação de necessidades permanentes e próprias do serviço da educação, concorrendo directamente para a satisfação de uma necessidade colectiva, sem a qualidade de funcionário público. A tais pessoas pode-se reconhecer a qualidade de Agentes Administrativos, ou seja, é lícito entender que os chamados funcionários eventuais são Agentes Administrativos.

Sendo Agentes Administrativos, por serem indivíduos que, ocupando lugares vagos no quadro de pessoal das Pessoas Colectivas de Direito Público, neste caso o Estado, em regime de eventuais, desempenham fun-

---

[198] Ac. n.º 57/2004, de 14 de Setembro, pg. 8.

ções correspondentes à satisfação de necessidades permanentes e próprias da Administração pública, participando directamente na satisfação do interesse geral tenham ou não a qualidade designada por agentes administrativos funcionários[199], pois estão numa situação de natureza pública. Assim sendo, o regime da sua contratação deveria ser de direito público e, consequentemente, o conhecimento dos litígios emergentes das respectivas situações jurídicas de trabalho deveria ser da competência da jurisdição administrativa.

É assim em direito comparado, nomeadamente em França e Portugal. Neste país, p. ex., o contrato administrativo de provimento, que confere a qualidade de agente administrativo, foi pensado em atenção à natureza das funções exercidas, designadamente a ligação à «missão de serviço», a conexão ao «exercício de funções próprias do serviço público»[200].

Por isso, o critério do contrato deve ser complementado com o da natureza jurídica da relação estabelecida, i.e., é necessário que tal relação, para além de ser estabelecida por contrato, tenha natureza jurídica de direito privado. A afirmação do TA de que para se aferir a jurisdição competente, em matéria dos litígios emergentes de situações jurídicas de trabalho na Administração, torna-se necessário "determinar a natureza do contrato que estabeleceu a relação jurídico-laboral das partes ora em litígio", sustenta a posição da incompletude do critério do contrato fora do quadro.

Acresce dizer que a natureza jurídica do contrato de trabalho na Administração resulta necessariamente da natureza das funções que o Agente contratado desempenha. Consoante a natureza das funções que exerce, o Agente ao serviço da administração pode estar submetido ao direito público em razão de a sua actividade implicar a sua sujeição a deveres específicos de fidelidade e de lealdade ao País, reflectidos no dever de respeitar a legalidade vigente e nas particularidades de regulamentação da obediência às ordens superiores[201].

---

[199] Por todos vide CAETANO, Marcello. *Manual de Direito Administrativo*. Vol. II, cit., pgs. 669 e ss.

[200] Cfr. FERNANDES NEVES, Ana. *Relação Jurídica de Emprego Público*, cit., pg. 203.

[201] CAETANO, Marcello. *Princípios Fundamentais do Direito Administrativo*. Reimpressão da edição Brasileira de 1977, 1.ª Reimpressão Portuguesa, Almedina, Coimbra, 1996, pg. 302.

Portanto, mesmo que o Agente tenha sido contratado fora do quadro, se as funções que exerce implicarem a sua submissão a deveres específicos de fidelidade e lealdade ao País, como se julga acontecer com os professores contratados, o seu regime tem de ser de direito público.

b) *O critério dos sujeitos da relação*

As palavras de JOSÉ ACÁCIO LOURENÇO são as mais elucidativas para a rejeição deste critério, como absoluto. Com efeito, afirma o ilustre jurista, "se é certo que uma relação de trabalho só pode revestir natureza jurídico-pública, quando o dador de trabalho for uma pessoa colectiva de direito público (Estado ou outro ente de direito público), já não corresponde, no entanto, à realidade dizer-se que são sempre de natureza pública todas as relações de trabalho em que intervêm entes públicos, na posição de entidade patronal, pois, ..., estes últimos recorrem, muitas vezes à celebração de contratos de trabalho, donde emergem necessariamente relações individuais de trabalho de natureza privada"[202].

Por isso, a posição de que a simples intervenção de uma pessoa colectiva de direito público numa situação jurídica de trabalho determina a competência do TA é de rejeitar, na medida em que é a existência de "el personal al servicio de la Administración Pública"[203] constitui a situação actual na maior parte dos países que adoptam o modelo político-social em que se situa o tipo do Direito Administrativo estudado, que é a existência, no vasto campo da AP, de agentes submetidos em grande número ao regime comum do Direito Trabalhista, a par de outros que se regem pelas normas do Direito Público[204].

Os que se regem pelo Direito Público têm no TA a jurisdição competente para conhecer os litígios emergentes das suas situações jurídi-

---

[202] LOURENÇO, José Acácio. *Relações de Trabalho nas empresas públicas,* cit, pg. 40.
[203] PALOMAR OLMEDA, Alberto. *Direito Administrativo* II. *Parte Especial. El personal Laboral al servicio de la Administración Pública.* Segunda edición actualizada, pgs. 357 e ss.
[204] CAETANO, Marcello. *Princípios do Direito Administrativo,* cit., pg. 291.

cas de trabalho. Para os Agentes submetidos ao Direito do Trabalho "*les litiges concernant relèvant de la juridiction judiciaire de droit comum*"[205].

c) *Posição Adoptada*

De todos os critérios analisados, o que mais se aproxima da verdade é o critério de contrato. Mas, em relação à jurisprudência do TA, tal critério carece de uma precisão, ou seja, é necessário ter em conta que nem todos os casos em que a Administração Pública contrata agentes fora do quadro o faz em termos de contrato individual de trabalho. Com efeito, tal pode ocorrer por via de contrato de prestação de serviço e, mais do que isso, é possível ter contratos fora do quadro que conferem a qualidade de agente administrativo, bastando para o efeito que as tarefas desempenhadas correspondam à satisfação de necessidades próprias e permanentes dos serviços.

Pelo que, o que se pode dizer, parafraseando o Supremo Tribunal Federal do Brasil, é que a contratação pela Administração Pública com base no contrato individual de trabalho é suficiente para determinar a competência material dos Tribunais Laborais para processar e julgar pretensões de empregado público contratado frente ao seu empregador, a administração pública, mesmo que se refira a direitos oriundos de leis aplicáveis ao funcionalismo estatutário[206]. E isto sucederia, por exemplo, em relação à norma do Decreto n.º 24/94, de 28 de Junho, que estende para os trabalhadores contratados por tempo indeterminado os direitos e regalias da função pública, sem que isso implique a transformação automática desses Agentes contratados em Agentes Administrativos.

Por fim, deve dizer-se que "não é a qualificação de agente administrativo que determina, por si só, a qualificação, como pública, de uma relação de emprego e a competência dos tribunais Administrativos para

---

[205] AUBY, Jean-Marie/DUCOS-AUDER, Robert. *Droit Administratif. La fonction publique, les biens publics et les travaux publics.* Dalloz, Paris, 1986, Septième édition, pg. 39.

[206] BERGAMO, Benedito Libério. *A Administração Pública, quando contrata pela CLT, equipara-se ao empregador privado. Uma afirmação que tem limitado a competência material da Justiça do Trabalho.*Jus Navigand. Artigo sem data e paginação.

conhecer tal questão, visto que o emprego público se obtém qualquer que seja a relação de emprego (pública ou privado)"[207]; há-de ser determinante para a competência dos tribunais a natureza pública ou privada que resultar da relação, tendo em conta a natureza das funções exercidas.

2.6. Considerações finais sobre o segundo capítulo

A aplicação da LT nas situações jurídico-privadas de emprego público significa a submissão da administração pública às regras de direito privado, em matéria de relações de trabalho. É a actividade contratual da Administração submetida ao direito privado, por opção própria, sejam quais forem as razões, nomeadamente a flexibilidade e eficiência dos modelos de gestão privada.

É indubitável, portanto, que a Administração estadual directa ou indirecta segue em matéria das relações de trabalho as regras de jogo do direito privado. Em qualquer dos casos, a aplicação da LT a tais relações é directa, na medida em que se trata de contratos de trabalho entre a Administração Pública e seus trabalhadores submetidos ao direito do trabalho.

A aplicação da LT é directa porque é a própria lei que remete ou que permite que em determinados casos a Administração possa celebrar contratos de trabalho submetidos ao regime laboral comum, nomeadamente nas empresas públicas e estatais, na contratação fora do quadro do Aparelho do Estado, na contratação realizada por certos organismos do Estado tais como as Comissões Nacionais[208]. Trata-se da privatização das relações jurídicas de emprego público com recurso a meios jurídico-privados[209].

Porém, é evidente que onde as exigências de interesse público se fazem sentir com maior intensidade a regulação das relações de trabalho

---

[207] Acórdão do STA, de 10 de Novembro de 1994, citado por FERNANDA NEVES, Ana. «*Desassossegos*» *de regime da função pública,* cit., pg. 55, nota 32.

[208] São os casos da Comissão Nacional do Combate ao Sida e a Comissão Nacional das Eleições.

[209] Cfr. OTERO, Paulo. *Os caminhos da privatização da administração pública* Coordendas jurídicas da privatização da administração. Boletim da Faculdade de Direito, Stvdia Jvridixa, IV Colóquio Luso-Espanhol de Direito Administrativo, Coimbra Editora, pg. 47.

pela LT sofre influências próprias do direito público. É que, ainda que submetida ao direito privado, a Administração não deixa de estar sujeita a exigências próprias de gestão de coisa pública, *maxime* pelo princípio de legalidade[210].

É, pois, acertada a conclusão de BERGAMO quando afirma que a equiparação da administração pública ao empregador privado ou a abdicação do *status* de administração pública nas relações de emprego público faz detectar dois campos de incidência das normas, um do Direito do Trabalho e outro de Direito Administrativo. Ainda segundo o mesmo Autor, citando um Professor e Juiz laboral, o servidor público subordina-se a dois sistemas integrados e dependentes: primeiro ao sistema da Administração Pública; segundo ao sistema funcional trabalhista. O primeiro impõe suas regras da impessoalidade, da publicidade, da legalidade, da moralidade administrativa, da oportunidade, bem como a motivação do acto administrativo; o segundo traça simplesmente os contornos dos direitos e deveres mútuos na execução do contrato do trabalho e dos efeitos da extinção do mesmo.

Quer isto dizer que o regime laboral só há-de ter eficácia relativa entre a própria administração e o seu trabalhador, na medida em que a partir do momento em que esta relação transcende a esfera das partes ou se projecta sobre direitos de terceiros aplicam-se-lhe as regras próprias do Direito Administrativo.

Na verdade, quando o administrado se relaciona com a Administração não lhe interessa saber se a relação de trabalho estabelecida entre o agente e a Administração Pública é de direito privado; interessam-lhe sim as normas que regulam o relacionamento da AP com os particulares, que lhe conferem direitos de natureza pública perante a Administração. Se algo correr mal entre este administrado e o Agente contratado (em regime do Direito Privado), o mau funcionamento da Administração que tal situação provoca, há-de ser regulado pelo Direito Administrativo enquanto relação entre a Administração e o administrado. O mau funcionamento da Administração, materializado pela conduta do Agente contratado, se consubstanciar uma violação dos deveres contratuais por parte do Agente, será regulado pelo Direito do Trabalho.

---

[210] Cfr. OTERO, Paulo. *Os caminhos da privatização da administração pública. Coordendas jurídicas da privatização da administração*, cit., pg. 47.

Portanto, a dupla incidência das normas administrativas e de direito do trabalho deve ser sempre tida em conta nas situações jurídico-privadas de emprego público. Com efeito, "os trabalhadores da Administração Pública não necessariamente sujeitos a uma disciplina de trabalho de Direito Administrativo, ainda são ou integram a função pública"[211]. O interesse público subjacente a qualquer acto ou contrato firmado pela Administração, independentemente de se tratar de actos de gestão pública ou privada, submete tais actos a uma disciplina pública mínima, razão por que é autorizado pelo artigo 34 do EGFE[212].

Por isso, a celebração de contratos individuais de trabalho com os seus trabalhadores, não faz escapar a Administração das obrigações de carácter público que decorrem da sua primacial vocação para a satisfação do interesse público. É por isso que, mesmo no regime das empresas públicas, que estão tendencialmente sujeitas a um regime de direito privado por completo, a LT admite que as relações de trabalho estabelecidas entre aquelas e os seus trabalhadores podem estar sujeitas a um regime derrogatório do regime comum.

---

[211] FERNANDA NEVES, Ana. «Desassossegos» de regime da função pública, cit., pg. 61.

[212] Ac. n.º 57/2004 do TA, cit., pg. 8.

CAPÍTULO III

A Transposição da LT para as Situações Jurídicas de Emprego na Função Pública

> **Razão de Sequência: 3.1.** Conceito, características e figuras afins de Função Pública. **3.2.** A Função Pública como vínculo jurídico laboral de natureza subordinada. **3.3.** Aproximação e distanciamento entre a relação laboral da Função Pública e a relação laboral do direito privado como pressuposto da transposição da LT. **3.4.** O significado e relevância da exclusão da Função do âmbito da LT: a rejeição da aplicabilidade directa da LT. **3.5.** A posição do regime específico da Função Pública face à LT. **3.6.** As condições da transposição da LT para as situações jurídicas de trabalho na função pública. **3.7.** Considerações finais sobre o terceiro capítulo

3.1. Conceito, características e figuras afins de Função Pública

a) *Conceito de Função Pública*

A Administração Pública, em sentido orgânico, comporta um conjunto de meios organizados e postos ao serviço do interesse público. Desses meios assumem maior importância os meios humanos que, fazendo funcionar a Administração, desempenham as diferentes tarefas cometidas à Administração para a satisfação do interesse público. É no âmbito dos meios humanos ao serviço da Administração que surge a noção de função pública.

O termo «função pública» é polissêmico, pois *"les termes de fonction publique qui, dans acceptation actuelle son d'origine relativament récente, sont susceptibles de plusiers sens et ne son pas, de ce fait, dépourvus d'ambiguité"*[213].

A Função Pública designa o corpo constituído pelo conjunto de indivíduos que, de forma subordinada e hierarquizada prestam o seu trabalho, como profissionais especializados, no desempenho de funções próprias e permanentes dos diversos serviços e pessoas colectivas públicas que integram a administração pública[214].

Na perspectiva da doutrina francesa, a expressão função pública compreende vários sentidos que expressam faces diferentes de um mesmo prisma. Segundo esta doutrina ela pode ser:

Em *sentido orgânico* – que permite ver a função pública como um conjunto de pessoas ligadas à administração, submetidos a um regime jurídico mais ou menos homogéneo e diversificado. A maneira de ver a função pública em sentido orgânico permite constatar a diversidade jurídica do pessoal da administração pública, diversidade essa melhor compreendida no extracto seguinte: 'o pessoal da administração é, do ponto de vista jurídico, heterogéneo. Os funcionários públicos constituem a categoria mais importante do pessoal da administração, mas não uma categoria única'[215]. Portanto, logo se vê que para além dos funcionários públicos encontram-se, na função pública, os agentes administrativos. Todos estes, na esteira do conceito de Paulo Veiga e Moura, ocupam lugares permanentes, que respondem a necessidades próprias dos serviços.

Em *sentido formal* – a função pública designa um regime jurídico particular aplicável aos Agentes do Estado ou das colectividades territoriais. É, sobretudo, a este regime a que a LT se refere, quando diz que "as relações de trabalho dos funcionários públicos regem-se por estatuto específico"[216]. Este regime particular, normalmente derrogatório do direito comum, é de direito público[217].

---

[213] AUBY, Jean-Marie/DUCOS-ADER, Robert. *Droit Administratif*, cit., pg. 5.

[214] Vide, neste sentido, VEIGA E MOURA, Paulo. *Função Pública*, cit., pgs. 17 e ss.

[215] BRETON, Jean-Marie. *Droit de la Fonction Publique des État D'Afrique Francophone*. Pgs. 20 e ss.; vide ainda *Traité de Droit Admnistratif* de André de LAUBADÈRE. Tome 2, 10.ª edição, LGDJ, *La functione publique*, cit., pg. 17.

[216] Artigo 2, n.º 3 da LT.

[217] Vide, AUBY, Jean-Marie/DUCOS-ADER, Robert. *Droit Administratif*, cit., pg. 5.

Em *sentido material*, a função pública corresponde a uma actividade de natureza original realizada à custa da colaboração permanente e profissional de agentes públicos e à acção dos poderes públicos[218]. Esta perspectiva expressa a Administração Pública em movimento, o desempenho da actividade administrativa. É a própria prestação do serviço público, realizada pelos Agentes ao serviço da Administração que determina a noção da Função Pública em sentido material.

Adopta-se aqui o conceito de que a função pública *"queda configurada como un conjunto de elementos personales que prestan sus servicios professionales para la Administración Pública con objecto de que ésta pueda cumprir sus fines en la sociedad"*[219]. Esta noção, sem ser demasiado ampla, permite acomodar os Agentes Administrativos e Funcionários Públicos, ambos regulados por um regime do direito público, o EFGE, e cujo exercício de funções é de natureza profissional.

b) *Características da Função Pública*

A Função Pública moçambicana apresenta algumas particularidades que a distinguem de outras situações de trabalho na Administração.

b.1) *A integração no aparelho do Estado*

O estudo das características da relação de trabalho na Função Pública exige, *a priori*, o exame do regime jurídico com vista à identificação dos aspectos mais marcantes. Ao compulsar o regime jurídico da função pública, ressalta à primeira vista, a designação dada ao IV capítulo do Estatuto Geral dos Funcionários do Estado, com a epígrafe *"Constituição da Relação de Trabalho no Aparelho do Estado"*. Portanto, está aqui a mais importante das características da relação de emprego na função pública, que a demarca da relação de emprego privado com a Administração, designadamente o trabalho prestado no Aparelho do Estado. Para que isso aconteça, a lei exige a integração nos

---

[218] Cfr. BRETON, Jean-Marie. *Droit de la Fonction Publique des État D'Afrique Francophone*. Pgs. 20 e ss.; vide ainda *Traité de Droi Admnistratif* de André de LAUBADÈRE. *La functione publique*. Tome 2, 10.ª edição, LGDJ, cit.

[219] PALOMAR, OLMEDA, Alberto. *Derecho Administrativo II, Parte especial*, cit., pg. 316.

quadros de pessoal dos órgãos centrais e locais do aparelho do Estado. É o que se pode extrair do disposto no artigo 7 do Estatuto Geral dos Funcionários do Estado.

b.2) *A forma da constituição da relação por acto de direito público*

Com a entrada em vigor do Decreto n.º 64/98 de 27 de Dezembro, o ingresso no aparelho do Estado faz-se por via de *nomeação,* que consiste no acto administrativo de designação para o preenchimento de um determinado lugar no quadro de pessoal dos órgãos centrais ou locais do aparelho do Estado. Portanto, a relação constitui-se por via de um acto de direito público, quer seja acto administrativo ou contrato administrativo de provimento, no caso dos professores contratados.

Diferentemente, a relação jurídico-privada de emprego público decorre, normalmente de um contrato individual de trabalho, isto é, um acto de direito privado.

b.3) *A projecção da relação de trabalho na vida privada do funcionário*

Nos termos do artigo 99 n.º 23 do EGFE, o funcionário público deve "adoptar um comportamento correcto e exemplar na sua vida pública, pessoal e familiar de modo a prestigiar sempre a dignidade da função pública e a sua qualidade de cidadão". Por isso, pode dizer-se que a relação de trabalho na função pública projecta-se na vida privada do funcionário.

Esta característica é uma daquelas que levantam problemas quando uma determinada função é exercida em termos de relação jurídico-privada de emprego público e em termos da função pública. É o caso, por exemplo, de dois professores em que um deles se rege pelo regime privado e o outro pelo regime da função pública. Não faz sentido que a este seja exigido o cumprimento deveres de boa conduta na vida privada e àquele não, pois procedem em ambos os casos as mesmas razões que justificam a imposição de uma postura cívica idónea na vida privada ao funcionário público. Nas duas situações jurídico-laborais, o mau comportamento é susceptível de desprestigiar a imagem do Estado.

Por isso, salvo melhor opinião, ao pessoal da administração em regime privado, a exercer funções idênticas às dos funcionários públicos e agentes administrativos, deve-se exigir boa conduta na vida privada. Alguma doutrina, designadamente PALOMAR OLMEDA chega mesmo a afirmar que o regime laboral tem apenas uma aplicação formal na medida em que materialmente o sujeito contratado rege-se pela disciplina da função pública.

c) *Figuras afins*

A Função Pública em sentido restrito confunde-se, mas dela se distingue, do corpo de indivíduos contratados pela Administração para o desempenho de tarefas não permanentes. Elas confundem-se porque em ambos os casos estão em causa relações de trabalho estabelecidas entre a Administração Pública Estadual e os Particulares, bem como a identidade do seu fim que consiste na sua instrumentalidade para a satisfação de necessidades colectivas. Em ambos os casos o Estado é, por excelência, a entidade empregadora. É por causa desta confusão que se diz que "a expressão função pública parece ser chamada a designar nem sempre a mesma realidade"[220].

Em relação a estes últimos, a situação corresponde às relações jurídico-privadas da Administração Pública e rege-se pelo Direito Privado. Já, por sua vez, a função pública rege-se, fundamentalmente e por excelência, pelo Direito Público, sem prescindir do facto de neste capítulo estar em estudo a possibilidade de transposição da lei de trabalho para as relações jurídico--laborais dos funcionários do Estado. Como escreve ANA FERNANDA NEVES, nem todos os que aí (na Administração Pública) exercem funções são trabalhadores subordinados; nem todos os que o são estão sujeitos a um regime jurídico de direito público (são admissíveis relações jurídicas de emprego público recortadas sob um molde privado); e porque nem todos estão sujeitos a um regime jurídico de Direito Público específico[221].

Em sentido estrito, a função pública compreende os trabalhadores subordinados a uma pessoa colectiva de direito público cuja relação jurídica de trabalho é conformada por um específico regime jurídico, o dito regime jurídico da função pública; trata-se do conjunto de indivíduos sujeitos a uma específica disciplina jurídica de trabalho que os individualiza como trabalhadores, categorizados pelo regime jurídico[222].

---

[220] FERNANDA NEVES, Ana, *Relação de emprego público*, cit., pg. 21.
[221] Idem.
[222] FERNANDA NEVES, Ana. *Relação de Emprego Público*, cit., pg. 24.

Pode ainda dizer-se que a função pública, "é justamente, o corpo constituído pelo conjunto de indivíduos que, de forma hierarquizada, prestam o seu trabalho, como profissionais especializados, no desempenho de funções próprias e permanentes dos diversos serviços e pessoas colectivas que integram a administração pública[223], e, nisto se distingue, do outro corpo de indivíduos que trabalham para a Administração para a realização de actividades não permanentes e próprias dos serviços da Administração Pública.

Em suma, conclui-se que, enquanto na função pública a actividade concorre de forma directa e imediata para a satisfação do interesse público, noutro tipo de relações tal satisfação é de forma reflexa.

3.2. A Função Pública como vínculo jurídico laboral de natureza subordinada

A epígrafe do Capítulo IV do Estatuto Geral dos Funcionários do Estado designa o vínculo que se estabelece entre a função pública e os funcionários como *relação de trabalho*. Sendo uma relação de trabalho, significa que o funcionário obriga-se a realizar uma prestação ou uma actividade intelectual ou manual. Mas para que a referida relação seja considerada de trabalho, na acepção tradicional de trabalho heterodeterminado[224], é necessário que as prestações sejam decididas por outrem. Portanto, deve ser manifesta a subordinação jurídica do funcionário em relação à entidade empregadora, o Estado, através dos seus órgãos.

Do artigo 99, n.º 1 e 2, encontram-se normas que evidenciam o facto de o trabalho realizado pelo funcionário ser realizado sob autoridade dos Órgãos do Estado. Os funcionários devem cumprir as leis, regulamentos, despachos e instruções superiores", bem como "cumprir exacta, pronta e lealmente, as ordens e instruções legais dos superiores hierárquicos relativos ao serviço". Portanto, dentro dos limites estabelecidos na lei[225], os

---

[223] VEIGA E MOURA, Paulo. *Função Pública,* cit., pgs.17 e ss.

[224] Expressão usada pelo Prof. MENEZES CORDEIRO. *Direito do Trabalho,* 1999.

[225] O artigo 104 do Estatuto Geral dos Funcionários do Estado consagra o dever de respeitosa representação, determinando que "o dever imposto aos funcionários de cumprir ordens e instruções recebidas...não inclui o de cumprir aquelas que sejam ilegais" e, em tal caso, o funcionário deve alertar ao superior da ilegalidade da ordem e, se se mantiver, deve solicitar que a mesma seja dada por escrito.

funcionários realizam a sua actividade mediante uma subordinação jurídica perante os órgãos do Estado.

Existem, portanto, evidentes traços de aproximação entre as situações do emprego público e do trabalho subordinado privado, embora se deva reconhecer também que cada uma das situações constrói-se na base de lógicas próprias[226]. Porém, apesar dessas identidades próprias, não se poderá negar ao vínculo da função pública a sua natureza laboral. Na verdade, há uma crescente uniformização de determinados aspectos do vínculo de emprego público e do contrato de trabalho que exprime o reconhecimento da existência de uma identidade sócio económica entre os agentes do Estado e trabalhadores do sector privado[227].

A situação jurídica em que o funcionário se enquadra adquire contornos específicos, na medida em que a sua relação com o Estado envolve uma combinação de elementos de natureza privada – a prestação subordinada de trabalho – e de carácter jurídico-político – a participação ainda que indirecta, no exercício da autoridade do Estado[228].

a) *A Função Pública como relação jurídica*

Na ausência de uma definição legal da situação jurídica de emprego no aparelho do Estado, como acontece com a definição legal da relação jurídica de trabalho no direito privado, constante da LT, cabe aos intérpretes e aplicadores da lei o papel da construção jurisprudencial e doutrinal do conceito em referência.

Para o efeito é mais apropriado, com o recurso ao método indutivo, procurar isolar os elementos que podem ser considerados característicos de toda a situação jurídica de trabalho no aparelho do Estado no ordenamento jurídico moçambicano.

Considerando relação jurídica como *"toda a relação da vida social disciplinada pelo direito, mediante atribuição a uma pessoa de um direito subjectivo e a imposição a outra de um dever jurídico ou de uma sujei-*

---

[226] PALMA RAMALHO, Maria do Rosário. *Intersecção entre o regime da função pública e o regime laboral*, cit., pg. 439.

[227] LIBERAL FERNANDES, Francisco. *Autonomia colectiva dos trabalhadores da Administração*, cit., pg. 115.

[228] Ibidem, pg. 114.

ção"[229], pode-se dizer que a relação de trabalho no aparelho do Estado é uma relação jurídica, bilateral, que traduz um acordo, entre a **AP** e uma pessoa singular, por virtude do qual cada uma das partes assume direitos e obrigações.

A constituição da relação de emprego no Aparelho do Estado por via contratual[230] permite uma tal conclusão, justamente a de tratar o vínculo da Função Pública como uma relação jurídica. Com efeito, o esquema contratual representa melhor a correspectividade dos direitos e obrigações numa relação jurídica. Por outro lado, o carácter bilateral da relação encontra-se mais patente nas relações contratuais.

A mesma situação já não se verifica quando se trata do provimento por nomeação; porquanto, a *nomeação* é um acto unilateral da administração pública e por esta via, no entender de alguns administrativistas, um acto administrativo não tem susceptibilidade de fazer surgir uma relação jurídica. Conforme refere MARCELLO CAETANO, "durante muito tempo os administrativistas apresentavam como principal diferença dos dois regimes (o de Direito Público e Privado) o carácter estatutário da função pública em contraste com a natureza contratual do emprego privado.

A doutrina dominante em certo período insistia em que os funcionários públicos estavam sujeitos às alterações que no seu regime de prestação de serviço fossem introduzidas pelas leis e regulamentos, pois seria inconcebível que pudessem invocar e opor interesses pessoais às exigências da função pública. O interesse público era dominante. Os agentes existiam para o serviço quando e como fosse necessário, a sua situação perante a entidade servida não compreendia direitos subjectivos: era objectiva, isto é, confundia-se com a natureza própria da função"[231].

Esta maneira de ver as coisas é contrária à qualificação da situação jurídica do funcionário como "relacional", pois não lhe reconhece direitos subjectivos a que corresponderiam deveres por parte da Administração. Todavia, é possível distinguir entre estatuto legal da função e os interesses particulares do funcionário. Os funcionários têm, pois, a par de poderes

---

[229] MOTA PINTO, Carlos. *Teoria Geral do Direito Civil*, cit., pg. 167.

[230] Algumas disposições do EGFE permitem a constituição de relações de emprego público por via de contrato, designadamente o artigo 21, 32, 33 e 34. Refira-se que algumas destas disposições encontram-se já revogadas, designadamente os artigos 32 e 33 pelo Decreto n.º 65/98 de 3 de Dezembro.

[231] CAETANO, Marcello. *Princípios do Direito Administrativo*, cit., pg. 295.

funcionais que exercem mas que pertencem ao cargo onde estão providos, direitos subjectivos próprios que o legislador deve respeitar[232]. Se não se pode conceber com facilidade a noção de relação jurídica funcionarial, deve-se reconhecer que o Funcionário Público se acha numa situação jurídica da qual emergem direitos e deveres.

No direito moçambicano outra conclusão não vingaria, na medida em que o EGFE[233], ao estabelecer que o funcionário nomeado tem direito à posse, confere-lhe uma faculdade e não uma obrigação de assumir as funções para cujo exercício foi nomeado administrativamente. Juridicamente a tomada de posse corresponde à aceitação da qualidade de funcionário, bem como do conjunto de direitos e deveres inerentes à função. Deste modo, através da posse, o funcionário assume certos deveres e adquire certos direitos.

Neste sentido, aceita-se a "possibilidade de constituição de direitos subjectivos por declaração unilateral de vontade destinada a aplicar a um indivíduo certo estado legal ficando a respectiva eficácia dependente da aceitação do destinatário"[234] através da tomada de posse.

O articulado do EGFE consagra direitos e obrigações para as partes na relação. O funcionário tem p. ex. direito a um vencimento mensal como contrapartida da sua prestação; a mesma prestação impõe-se ao funcionário como uma obrigação decorrente da relação. Dos artigos 98 e ss. constam os deveres e direitos dos funcionários.

Portanto, neste sentido é sustentável afirmar que a relação de emprego no aparelho do Estado é uma verdadeira relação jurídica. Todavia, convém reafirmar que a constituição do vínculo laboral com a Administração por via de nomeação reconduz-se e explica-se melhor através do conceito de situação jurídica de emprego na função pública, pois os efeitos jurídico-laborais da nomeação constituem uma posição que resulta de uma permissão normativa.

---

[232] CAETANO, Marcello. *Manual de Direito Administrativo*. Tomo II, edição brasileira, pg. 691. *Apud,* CAETANO, Marcello. *Princípios do Direito Administrativo*, cit., pgs. 295 a 296.

[233] Cfr. Artigo 28 e ss. do EGFE, sobre a posse e seus efeitos.

[234] CAETANO. Marcello. *Manual de Direito Administrativo*. Vol. II, Almedina, Coimbra, 1994, 10.ª edição, pgs. 689 e ss.

b) *Os sujeitos da situação jurídica de emprego no aparelho do Estado*

Os sujeitos jurídicos são os centros de imputação dos direitos e obrigações resultantes da relação jurídica. É, por isso, imperioso que em qualquer relação jurídica existam sujeitos jurídicos.

O legislador determina, no artigo 21 EGFE, que a relação de trabalho no aparelho do Estado pode constituir-se por via de nomeação ou de contrato de provimento para o quadro. No primeiro caso, a lei estabelece que o particular adquire a qualidade de funcionário público e no segundo caso não se refere à qualidade adquirida pelo contratado. Com efeito, com a revogação dos artigos 32 e 33 do EGFE deixou de ser possível a aquisição da qualidade de funcionário público por via de contrato, ficando por esclarecer a qualidade daqueles que, nos termos do artigo 34 do mesmo diploma legal, trabalham para a AP. O legislador refere-se, por exclusão de partes, no artigo 7 do EGFE, que as pessoas contratadas fora do quadro não adquirem a qualidade de funcionários.

O beneficiário da actividade das pessoas singulares vinculadas pela relação de trabalho no Aparelho do Estado é a *Administração central ou local do Estado* (n.º 1 do artigo 7 do EGFE) *ou das autarquias locais* (artigo 2, n.º 3 do Decreto n.º 64/98 de 3 de Dezembro).

Portanto, pode dizer-se que "a nomeação ou o contrato criam uma relação de serviço, que tem como sujeitos a pessoa colectiva de direito público, de um lado, e o indivíduo investido na sua qualidade de servidor, do outro"[235]. Portanto, no artigo 7 do EGFE quando se fala da administração central ou local do Estado, deve entender-se que se trata do Estado Administração como uma Pessoa Colectiva de Direito Público[236]. Só o Estado ou as autarquias locais, como pessoas colectivas, podem estabelecer relações jurídicas. Com efeito e segundo JEAN RIVERO, nas relações Jurídicas administrativas as pessoas colectivas constituem um elemento necessário da relação, pois a Administração faz-se representar sempre por uma pessoa colectiva[237].

---

[235] CAETANO. Marcello. *Manual de Direito Administrativo*. Vol. II, Almedina, Coimbra, 1994, 10.ª edição, pg. 688.

[236] Cfr. FREITAS DO AMARAL, Diogo. *Direito Administrativo*. Vol. I, Almedina, Coimbra, pgs. 199-203.

[237] RIVERO, Jean. *Direito Administrativo*. Tradução portuguesa de Doutor Rogério Ehrhardt Soares. Almedina, Coimbra, 1981, pgs. 46 e ss.

Em ambos os casos, designadamente no provimento por via do contrato ou da nomeação, as pessoas singulares prestam serviços à Administração central e local do Estado, bem como à Administração autárquica tendo uns a qualidade de funcionários públicos.

É, por isso, importante que, no estudo dos sujeitos da relação de trabalho público, se faça uma categorização jurídica do Pessoal ao Serviço da Administração Pública. A primeira categorização jurídica já foi feita, a propósito do pessoal ao serviço da administração sob a égide do direito do trabalho.

Tentar agrupar as diferentes categorias de sujeitos que prestam trabalho na Administração Pública é isolar critérios[238]. Esses critérios resultam na categorização do pessoal ao serviço da Administração em *agentes da administração*[239], *agentes administrativos* (**b.1**) e *funcionários públicos* (**b.2**).

b.1) *Agentes Administrativos*

No direito comparado, na jurisprudência francesa, do Conselho de Estado, o conceito de agente administrativo é restrito a uma categoria muito específica de trabalhadores públicos. No entender do Conselho do Estado (**CE**) o conceito de agente administrativo (*agent public*) abrange somente aqueles que têm para com a administração uma relação durável e não ocasional. Ultimamente, o Conselho do Estado francês entende que "*só é 'agent public' aquele que participa directamente na execução de um serviço público*[240] e por isso submetido às normas nas quais releva o direito público.

A jurisprudência do C.E. aproxima-se do conceito que MARCELLO CAETANO apresenta sobre **agentes administrativos.** Segundo o ilustre Professor, os **agentes administrativos** são *aqueles que actuam sob a direcção dos órgãos da AP e estão submetidos, no desempenho das tarefas pró-*

---

[238] FERNANDA NEVES, Ana. *Relação Jurídica de Emprego Público*, cit., pg. 200.

[239] Os agentes da Administração foram já objecto de estudo no capítulo anterior. É Agente da Administração "todo aquele que exerça uma actividade implicando prestação pessoal de serviços à Administração Pública sob direcção dos respectivos órgãos". *In* CAETANO, Marcello. *Princípios do Direito Administrativo,* cit., pg. 285.

[240] LAUBADÈRE. André de/*et al*. *Traité de Droit Administratif. Fonction Publique.* Tome 2, 10.ª edição, LDGJ, pg. 19.

prias desta, a um regime marcado pela existência de deveres específicos de fidelidade e lealdade ao país, reflectidos no dever de respeitar e fazer respeitar a legalidade vigente e nas particularidades de regulamentação da obediência às ordens superiores[241]. Portanto, os agentes administrativos, nos termos desta doutrina, participam no desempenho de tarefas que correspondem à prossecução e satisfação do interesse público. Com efeito, as *tarefas próprias* da Administração têm por finalidade a satisfação do interesse público. A estes agentes da Administração, por participarem mais directamente na satisfação do interesse público, aplica-se o direito público. São eles que o direito francês e o direito português, bem como a doutrina qualifica como *agents publics* ou agentes administrativos[242] respectivamente.

Compulsando o EGFE, bem como alguma legislação avulsa, dá-se conta de que os elementos constantes da jurisprudência do CE francês e do conceito de MARCELLO CAETANO estão reflectidos em algumas normas do regime jurídico do trabalho no Aparelho do Estado.

Com efeito, logo no preâmbulo e nos seus dois primeiros artigos o EGFE consagra o princípio da legalidade da actuação dos funcionários públicos. Por outro lado, em sede dos direitos e deveres impõe-se aos funcionários públicos os chamados deveres políticos, dos quais se destaca o dever de lealdade[243], bem patente no n.º 1 do artigo 99 do diploma legal em referência. Resulta deste preceito o dever "de respeitar e defender em todas as circunstâncias a Constituição da República, os Órgãos de Soberania e do Governo…".

Por outro lado, o artigo 4 do Decreto n.º 64/98, de 3 de Dezembro, ao determinar que o desempenho de actividades profissionais correspondentes a necessidades permanentes e próprias dos serviços da Administração, está a impor o requisito da estabilidade e durabilidade das relações de trabalho cujas actividades se relacionam directamente com a satisfação das necessidades colectivas. A durabilidade e a estabilidade da relação resultam da imposição que o legislador faz de que o desempenho de tais actividades deve ser feito em regime de carreira, por via de uma nomeação por tempo indeterminado.

---

[241] VEIGA E MOURA. Paulo. *Função Pública*, cit., pg. 26.

[242] LAUBADÈRE, André. *Traitè de Droit Administratif. Fonction Publique*, cit., pg. 18.

[243] Cfr. ponto 18 sobre as Normas técnicas e Deontológicas para o funcionário público.

A ausência de um critério legal, à semelhança do que a lei faz em relação aos funcionários públicos, torna difícil a definição dos Agentes Administrativos. Por exemplo, no direito português a lei qualifica de agentes administrativos os que são providos através de um contrato administrativo de provimento. É a própria lei que assim estabelece, designadamente o Decreto-Lei n.º 427/89 de 7 de Dezembro. Mesmo assim, alguma doutrina ainda considera que maiores dificuldades suscita a definição do conceito de agente administrativo, porquanto, neste domínio o legislador só tornou pacífica a qualificação de uma parte de agentes administrativos[244].

Do exposto, parece poder afirmar-se que, no direito moçambicano, são **Agentes Administrativos** aqueles indivíduos que, ocupando lugares no quadro de pessoal das Pessoas Colectivas de Direito Público, desempenham funções correspondentes à satisfação de necessidades permanentes e próprias da Administração pública, participando directamente na satisfação do interesse geral, tenham ou não a qualidade designada por agentes administrativos funcionários[245].

Assim, no ordenamento jurídico moçambicano, pode ilustrar-se a qualidade de agentes administrativos não funcionários, a partir de alguns exemplos, nomeadamente dos casos do exercício excepcional de funções previstas nos qualificadores profissionais da função pública em regime de contrato, como acertadamente reconhece o legislador no preâmbulo do Decreto n.º 78/99, de 1 de Novembro. Lê-se no referido diploma legal que "o Decreto n.º 65/98, de 3 de Novembro, confere nova redacção ao artigo 34 do EGFE, definindo novos critérios para a contratação de pessoal fora do quadro". Verificando-se que tal redacção veda em absoluto a possibilidade de contratação de pessoal para a docência, a fim de suprir as necessidade de serviço...". Esta impossibilidade resulta do facto de, por um lado, as tarefas exercidas pelo pessoal docente estarem previstas nos qualificadores profissionais em vigor no Aparelho do Estado e, por outro, pelo facto de as respectivas vagas corresponderem a necessidades permanentes e próprias de serviço da educação, como está implícito no preâmbulo em referência.

---

[244] VEIGA E MOURA, Paulo E. *Função Pública*, cit., pg. 37.
[245] Por todos vide CAETANO, Marcello. *Manual de Direito Administrativo*. Vol. II, cit., pgs. 669 e ss..

Portanto, por força do Decreto n.º 78/99, de 1 de Novembro, já existe pessoal que trabalha para a Administração, para a satisfação de necessidades permanentes e próprias do serviço da educação, concorrendo directamente para a satisfação de uma necessidade colectiva, sem a qualidade de funcionário público. A tais pessoas pode-se reconhecer a qualidade de agentes administrativos, ou seja, parece lícito entender que os chamados *funcionários eventuais* são *agentes administrativos*.

Outro exemplo de agentes administrativos é o do pessoal dos Institutos Públicos, nomeadamente do INC, ao qual, por força do artigo 17 do Decreto n.º 41/2000, são aplicáveis as normas do direito público, a saber do EGFE. Com efeito, quando o artigo 7 do EGFE determina que a qualidade de funcionário público resulta do provimento no quadro de pessoal nos quadros da Administração central e Local do Estado, impede que a extensão do regime da função pública para o pessoal ao serviço de INC possa servir para atribuir, sem mais nem menos, a este pessoal a qualidade de funcionários públicos. Assim, não resta outra alternativa senão qualificar este pessoal como agentes administrativos, uma vez estarem ao serviço da administração indirecta do Estado, cuja finalidade é a satisfação do interesse geral, sendo-lhes, por isso, aplicável o direito público – de que resultam as características de estabilidade e durabilidade da relação.

O Decreto n.º 37/97, de 27 de Outubro[246], determina, no seu artigo 21, ao estabelecer o estatuto de pessoal, que "o quadro de pessoal do INEFP, bem como o respectivo regime disciplinar obedecerão às normas em vigor no aparelho do Estado". Todavia, embora não qualifique este pessoal como funcionários públicos, estende as normas em vigor no Aparelho do Estado ao pessoal deste instituto. Este pessoal, por não estar provido nos quadros de pessoal do aparelho central e local do Estado, mas no quadro privativo deste instituto para satisfazer as suas necessidades permanentes e próprias com carácter duradouro, subsume-se no conceito de agente administrativo.

A qualificação destes trabalhadores como agentes administrativos "radica na natureza das funções exercidas (funções próprias e permanentes do serviço público)"[247], de que resulta o carácter durável da relação de

---

[246] Este Decreto cria o Instituto Nacional de Emprego e Formação Profissional.
Vide ainda artigo 20 do Decreto n.º 17/88 de 27 de Dezembro que cria o Instituto Nacional de Segurança Social.
[247] VEIGA E MOURA, Paulo. *Função Pública*, cit., pg. 45.

trabalho. É por isso que o legislador entende que o regime jurídico do estatuto de pessoal dos Institutos públicos deve ser "em quase tudo idêntico ao dos funcionários públicos"[248], a sua condição "liga o indivíduo de uma forma mais sólida à Administração"[249], uma vez que participa directamente na realização dos fins desta.

Pode-se fazer desde já uma crítica ao Decreto n.º 24/94, de 28 de Junho, ao criar o *regime próprio* dos contratos de trabalho celebrados pela Administração, mas sem fazer nenhuma referência a alguns aspectos importantes, nomeadamente quanto ao regime dos direitos e deveres do pessoal contratado e às regras a que deve obedecer o procedimento disciplinar, bem como em relação à jurisdição competente para apreciar os litígios emergentes de tais relações.

Uma situação na qual a Administração pode contratar pessoal é aquela que resulta do surgimento da necessidade de realização de tarefas esporádicas na Administração, ou seja, actividades não permanentes que exigem uma qualificação especializada, prevista na al. b) do artigo 34 do EGFE. Neste caso, a ligação entre o trabalhador contratado e a Administração é muito ténue, por estar muito limitada no tempo. Ela só pode durar, por força da al. d) do artigo 34 do EGFE, um máximo de 2 anos não renováveis.

Por outro lado, o carácter não permanente das actividades desempenhadas pelos contratados, ao abrigo da al. b) do artigo 34, demonstra claramente que tal actividade só reflexamente contribui para a satisfação do interesse público. Por isso, é muito forçado considerar o pessoal contratado nestas circunstâncias como agentes administrativos. Não basta trabalhar para a Administração para ter a qualidade de agente administrativo, é preciso que contribua directamente para a satisfação do interesse público para receber essa qualificação.

Portanto, nesta linha de pensamento, aos trabalhadores contratados ao abrigo do disposto na al. b) do artigo 34 do EGFE, só pode ser reconhecido a qualidade de agentes da administração, pois a sua relação não participa de modo directo na prossecução do interesse público. Nestes casos, a competência para dirimir eventuais litígios deveria pertencer aos tribunais comuns.

---

[248] VEIGA E MOURA, Paulo. *Função Pública,* cit., pg. 45.
[249] FERNANDA NEVES, Ana. *Relação Jurídica de Emprego Público*, cit., pg. 201.

Todavia, é de referir que o legislador não deve deixar que a determinação da competência seja feita por mera interpretação. É preciso que a escolha do direito aplicável, bem como da jurisdição competente, seja fixada por lei. No direito português o exercício temporário de funções em situações excepcionais ou ocasionais, rege-se pelo direito privado quer seja por via de contrato individual de trabalho ou por contratos de tarefa[250].

Em conclusão, são Agentes administrativos, no direito moçambicano, para além dos funcionários públicos, os indivíduos contratados ao abrigo da al. a) do artigo 34 do EGFE para o desempenho de actividades que respondem a necessidades de carácter permanente e próprio do serviço, ou em geral os profissionais que noutras áreas da Administração são admitidos como *funcionários eventuais* para os respectivos serviços nas mesmas circunstâncias do pessoal docente eventual contratado ao abrigo do Decreto n.º 78/99, de 1 de Novembro, bem como, por força da lei, o pessoal ao serviço dos Institutos Públicos.

b.2) *Funcionários Públicos*

Segundo o n.º 1 do artigo 7 do EGFE "são funcionários públicos todos os que, na base de provimento numa vaga do quadro de pessoal, exercem a sua actividade nos órgãos centrais e locais do aparelho do Estado". Ainda no mesmo artigo, concretamente no seu n.º 2, o legislador consagra o princípio de que o "o exercício de funções em lugares dos quadros com carácter permanente ou temporário a título não precário confere ao respectivo titular a qualidade de funcionário do Estado".

A partir destes preceitos é possível isolar dois critérios, designadamente um critério formal **a)** e outro material **b)** independentes um do outro para a aquisição da qualidade de funcionário público. Todavia, o que importa é a construção de um conceito capaz de abranger os dois conceitos.

i) *Critério formal*

A qualidade de funcionário público adquire-se pelo provimento, que consiste no acto de designação para o preenchimento de lugares[251], nos

---

[250] FERNANDA NEVES, Ana. *Relação Jurídica de emprego público,* 1999, cit., pgs. 216-217.

[251] Definição legal de provimento constante do artigo 22 do EGFE.

quadros de pessoal da Administração Central ou Local do Estado. Neste critério, o provimento numa vaga do quadro, através de um acto formal de constituição da relação de trabalho no aparelho do Estado, em regra por via de nomeação e excepcionalmente por contrato, constitui o elemento essencial para a aquisição da qualidade de funcionário.

Considera-se formal este critério porque por simples nomeação ou contratação, para ocupar um lugar no quadro, independentemente do efectivo exercício da actividade profissional, o indivíduo é intitulado de funcionário público. A redacção da norma constante do n.º 1 do artigo 7 do EFGE parece aludir àquelas situações em que "o indivíduo é empregado mediante uma investidura regular"[252], nos lugares dos quadros de pessoal na Administração central ou Local do Estado.

ii) *Funcionários de facto (critério material)*

A redacção do n.º 2 do artigo 7 do EFGE parece equivalente no seu escopo àquela que consta do n.º 2 do artigo 5 da LT, acolhida na doutrina administrativista sob a designação de agentes administrativos de facto. Com efeito, o legislador neste preceito parece querer dizer simplesmente que a qualidade de funcionário do Estado"[253] presume-se existente pelo simples facto de o trabalhador estar a executar uma actividade remunerada com conhecimento e sem oposição" da Administração pública, desde que essa actividade seja exercida "em lugares dos quadros"[254]. O legislador opta claramente neste preceito pela posição de que a qualidade de funcionário público pode ser adquirida pela simples integração na organização funcional da Administração pública, independentemente de se haver constituído um vínculo formal.

É essencial para o legislador o exercício de funções em lugares dos quadros, independentemente de neles tiver sido provido por nomeação ou por contrato. A incorporação na organização de meios[255] da AP, o exercício público, pacífico das funções e no interesse geral[256] desde que reali-

---

[252] CAETANO, Marcello. *Manual de Direito Administrativo*. Vol. II, cit., pg. 643.
[253] Artigo 5, n.º 2 da LT.
[254] Vide Artigo 7, n.º 2 do EGFE.
[255] Cfr. MONTEIRO FERNANDES, António Lemos. *Direito do Trabalho*. 11.ª edição, Almedina, Coimbra, 1999, pg. 180.
[256] Cfr. CAETANO, Marcello. *Manual de Direito Administrativo*. Vol. II, cit., pgs. 644 e ss.

zado em lugares dos quadros de pessoal da Administração, confere a qualidade de funcionário.

Foi este o entendimento do TA moçambicano, no já referido acórdão n.º 29, de 1998, da 1.ª secção. Na apreciação da referida causa o Tribunal argumenta, a dado passo, que: *"Da leitura dos autos resulta que o recorrente, de facto, esteve ao serviço da recorrida até 12 de Fevereiro de 1995, sem que tenha celebrado contrato formal entre eles... No referido período foram-lhe pagos os salários devidos"*. Nesta decisão, fundamentada por analogia pela norma constante do artigo 5 da LT, o Tribunal considerou que, mesmo não tendo havido o cumprimento de todas as formalidades legais para a contratação de docentes para o quadro, há que reconhecer que houve entre as partes uma relação jurídica de trabalho. Com efeito, a referida instituição do ensino superior abrira um concurso público para a contratação de um docente para o seu Departamento de Química e *"resulta claro que o que pretendia era a celebração de um contrato nos termos do artigo 32 do EGFE, sucedendo que, por mera distracção, tal contrato não foi assinado, tendo havido a preterição dos pertinentes comandos legais...O contrato existiu, só que não foi formal, no sentido de que não foi reduzido a escrito"*. Ora, como nos termos do já revogado artigo 33 do EGFE o provimento para lugares do quadro, porque implicava a posse, era lícito concluir que "a qualidade de funcionário do Estado com o conjunto de direitos e deveres inerentes"[257] foi adquirida pelo recorrente.

Embora acertada e merecedora de aplausos, a decisão do TA não está isenta de reparos. Ela peca por ter como pressuposto a alegada ausência de uma norma que, dentro do EGFE, resolve a questão das relações contratuais de facto. Não havia necessidade do Tribunal recorrer, nos termos em que o fez, para o artigo 5 da LT, na medida em que o n.º 2 do artigo 7 do EGFE resolve expressamente o problema de falta de relação formal entre a Administração e os funcionários. Não merece censura porém o recurso, por analogia, ao artigo 7 da LT, por força do qual os direitos adquiridos pelo trabalhador não ficam prejudicados pelo facto de não haver contrato escrito cuja responsabilidade de sua falta é imputada ao empregador – neste caso a Administração.

Portanto, o legislador do EGFE adere, no n.º 2 do artigo 7, à chamada teoria das relações contratuais de facto, nos termos da qual a relação de

---

[257] Artigo 28 do EGFE.

emprego pode ser considerada também existente, ligando efeitos jurídicos ao elemento objectivo exterior e socialmente reconhecível[258], a partir da actuação factual (material) das partes e não apenas da verificação da nomeação ou da celebração de um contrato administrativo de provimento.

Isolados que estão os critérios material e formal para a aquisição da qualidade de funcionário há que identificar os elementos característicos da qualidade de funcionário público, de modo a elaborar-se o conceito que o define.

De acordo com o Prof. MARCELLO CAETANO, funcionário público é, antes de mais, um profissional da função pública, um homem que dela fez objecto da sua actividade ocupacional e nela procura a sua carreira. Nesta definição está patente a relevância do carácter profissional com que se exerce a função pública, para a aquisição da qualidade de funcionário.

Para a doutrina francesa, funcionário é *aquele que for investido de um emprego permanente dentro dos quadros de um serviço público*. Neste sentido, a *permanência* nos quadros de pessoal é a primeira condição para a aquisição da qualidade[259]. Entende esta doutrina que o funcionário público ocupa um lugar permanente e a título permanente, diferentemente dos colaboradores exteriores da Administração Pública que ocupam lugares a título temporário.

O legislador moçambicano não andou muito longe destas doutrinas. Com efeito, da conjugação do artigo 4 Decreto n.º 64/98, de 3 de Dezembro com o artigo 7 do EGFE, resulta claro que a qualidade de funcionário público gira fundamentalmente em torno dos seguintes elementos:

– *A nomeação ou integração em lugares do quadro de pessoal*
– é funcionário aquele que ingressar nos lugares do quadro de pessoal da Administração.

– *O elemento da permanência do lugar no quadro de pessoal* – Impõe-se ultimamente, a partir da entrada em vigor do Sistema das Carreiras e Remuneração, que o exercício de actividades profissionais no aparelho do Estado, referentes a tarefas correspondentes a necessidades permanentes e próprias dos serviço, deve ser assegurado em regime de carreira. Portanto, formalmente, o funcionário público será aquele que exerce actividades profissionais correspon-

---

[258] ROPPO, Enzo. *O contrato*. Almedina, Coimbra, 1988, pg. 298.
[259] LAUBADÈRE, André. *Traité de Droit Administratif. Fonction Public,* cit., pg. 26.

dentes a uma necessidade permanente da AP e por isso provido numa vaga permanente dos quadros de pessoal.

Para a execução de actividades viradas à satisfação das necessidades permanentes da Administração, existe um lugar, "individualmente criado por lei por tempo indeterminado"[260], nos quadros de pessoal. É o provimento ou integração nesses lugares permanentes dos quadros que tem a virtude de tornar permanente o exercício de funções pelos funcionários públicos.

Portanto, funcionário público é aquele que ocupa "com carácter permanente ou temporário"[261] um lugar permanente nos quadros de pessoal da Administração pública.

– *A profissionalidade* – o funcionário, provido nos lugares do quadro da AP, exerce actividades profissionais[262] no aparelho do Estado, auferindo mensalmente um determinado vencimento. É mais fácil chegar a esta conclusão a partir da nova redacção da norma constante da al. a) do n.º 1 do artigo 34 do EGFE, nos termos da qual a contratação de pessoal fora do quadro só é permitida para o exercício de actividades ...*que não exijam qualificação habilitacional ou profissional específica... e nos casos em que o conteúdo do trabalho não pode ser subsumível nos qualificadores profissionais.* Como se pode ver, *a contrario sensu* o legislador consagra implicitamente a profissionalidade para a aquisição da qualidade de funcionário público, porquanto impõe que tais funções sejam exercidas em regime de carreira.

A profissionalidade é um elemento conexo ao carácter permanente dos lugares no quadro de pessoal. Com efeito, o provimento ou integração em lugares permanentes, em regime de carreira, acaba sendo o elemento constitutivo do profissionalismo do funcionário público[263], isto no sentido de que faz dessa função objecto da sua actividade ocupacional conforme nota o ilustre Prof. MARCELLO CAETANO. Portanto, funcionário público é aquele que, ocupando uma vaga permanente nos quadros de pessoal da AP, em regime de carreira, faz das respectivas funções objecto da sua actividade profissional.

---

[260] CAETANO, Marcello. *Direito Administrativo*. Vol. II, cit., pg. 669.
[261] Artigo 7 do EGFE, n.º 2.
[262] Vide n.º 1 do artigo 4 do Decreto n.º 64/98 de 3 de Dezembro.
[263] Vide FERNANDA NEVES, Ana. *Relação de emprego público*, 1999, cit., pg. 209.

Portanto, no direito moçambicano, *funcionário público* é o indivíduo provido ou em exercício de funções nos lugares permanentes dos quadros de pessoal da Administração Pública, com carácter permanente ou temporário, fazendo dessas funções objecto da sua actividade profissional através do ingresso na respectiva carreira profissional.

Neste sentido, são sujeitos da relação jurídico-laboral no Aparelho do Estado, os Agentes Administrativos e os funcionários públicos.

Quanto ao objecto e garantia, vale o que foi dito supra, a propósito da relação jurídico-privada de emprego público.

Compulsados os elementos da situação jurídica de emprego na função pública e a fechar esta secção pode dizer-se que "facilmente se conclui que uma abordagem juslaboralista se situa nos antípodas da concepção publicista. Com efeito, a primeira desvaloriza o fundamento teórico da segunda, na medida em que não reconhece a prevalência absoluta dos interesses da Administração sobre os direitos fundamentais dos agentes, bem como o estado de sujeição em que estes se encontravam perante o Estado. Além disso, assenta na ideia de que o emprego público constitui uma relação de trabalho, cujo núcleo reside no vínculo de subordinação, ou seja, no facto de uma pessoa pôr à disposição de outrem a sua capacidade produtiva, por forma a obter daí os meios de subsistência; finalmente valoriza a dinâmica conflitual que caracteriza este tipo de relações sociais."[264].
É esta juslaboralização do emprego público que permite uma comunicação mais fácil entre o direito público e o direito privado, partindo das semelhanças que se identificam nos vínculos laboral privado e público.

3.3. Aproximação e distanciamento entre a relação laboral da Função Pública e a relação laboral do direito privado como pressuposto da transposição da LT

A relação de trabalho na função pública ora se aproxima da relação individual de trabalho subordinado ora dela se afasta por apresentar particularidades próprias de uma relação de direito público. Em ambos os casos, está em causa a realização de uma actividade em proveito de

---

[264] LIBERAL FERNANDES, Francisco. *Autonomia Colectiva dos Trabalhadores da Administração,* cit., pg. 24.

outrem. O trabalho na função pública e na relação individual de trabalho de direito privado corresponde à alienação, pelo trabalhador, da sua força de trabalho a favor da entidade empregadora mediante uma determinada remuneração. Neste sentido, é inegável uma indiferenciação entre os dois tipos de relações, pois "o que existe é um indivíduo ao serviço de uma organização e que não conta tanto o ser esta Aparelho Administrativo. No sector privado, o indivíduo presta a actividade, exerce determinadas funções, a um empregador, numa certa organização, sem que se possa dizer, contudo, que o aparelho administrativo não difere de qualquer outro aparelho de um empresário privado porque ambos são organizações produtoras de utilidade para a colectividade"[265].

O trabalho realizado sob forma de contrato individual de trabalho constitui o paradigma de todas as outras formas de realização de trabalho subordinado em proveito de outrem. Por isso que se pode afirmar, salvo melhor opinião, que a relação de trabalho na função pública é uma espécie do género das relações de trabalho subordinado prevista no artigo 5 da LT.

Por isso que entre a relação laboral dos funcionários do Aparelho do Estado e a que resulta do contrato de trabalho subordinado existe uma aproximação entre ambas, com reserva das especificidades de cada uma. "À partida são evidentes as afinidades entre as situações jurídicas dos trabalhadores privados e dos funcionários públicos, tanto de um ponto de vista objectivo como de um ponto de vista subjectivo: nas duas situações, o objecto do vínculo envolve a prestação de um serviço ou de um trabalho; e, também nos dois casos o prestador desse serviço ou trabalho se encontra numa posição de subordinação perante o destinatário do mesmo, já que é este que, em cada momento, determina o conteúdo da prestação e vai direccionando a actividade do trabalhador à satisfação das suas próprias necessidades[266]. Todavia, na relação de trabalho na função pública está fundamentalmente em causa a prossecução do interesse público, facto este que não se encontra nas relações privadas de trabalho subordinado.

Uma aproximação insofismável entre as duas relações tem que ver com o carácter subordinado do trabalho prestado. Em ambos os casos, o trabalhador realiza o seu trabalho sob direcção e autoridade da entidade

---

[265] FERNANDA NEVES, Ana. *Relação Jurídica de Emprego Público*, 1999, cit., pg. 39.
[266] PALMA RAMALHO, Maria do Rosário. *Intersecção entre o regime da função pública e o regime do direito laboral*, cit., pg. 440.

empregadora, impondo-se-lhe, dentro dos limites legais, o dever de obediência às ordens que recebe dos seus superiores hierárquicos.

Todavia, esta subordinação jurídica varia consoante a relação for de direito privado ou de direito público. Neste último caso, para além do trabalhador estar subordinado às ordens e instruções dos seus superiores hierárquicos, impõem-se-lhe outras subordinações próprias de direito público, nomeadamente o dever de residência, os deveres de conduta na vida privada, a disponibilidade para trabalhar em qualquer local, etc.[267].

A provável relação género e espécie[268] tem relevância para o tema em investigação. Com efeito, sendo de admitir que a relação de trabalho na função pública é uma espécie da relação de trabalho subordinado, constitui ponto de partida para a análise da aplicabilidade do regime geral, do da LT, na Função Pública, tendo como fundamento o regime do artigo 3 daquela lei, nos termos do qual as "relações de trabalho [dos] sectores cujas actividades requeiram regimes especiais são reguladas pela presente lei em tudo o que se mostrar adaptado à natureza e características particulares."

Portanto, embora entre a situação jurídico-laboral de emprego público e a de emprego privado não exista nenhuma relação de identidade, é inegável que exista entre elas uma semelhança na medida em que em ambos os casos os efeitos principais das duas situações são os mesmos, nomeadamente a prestação de trabalho e o direito a uma contrapartida pela prestação de trabalho. Mas, a par desta relação de semelhança denotam-se vários desfasamentos entre as duas situações jurídicas de trabalho subordinado, sobretudo as vinculações jurídico-públicas que se manifestam nas situações laborais de emprego público.

Apesar desta falta de relação de identidade entre os dois tipos de relações, importa destacar que "pelo menos, *prima facie,* o direito do trabalho e o direito da função pública se debatem hoje com problemas semelhantes", daí que não se deva negar à função pública a possibilidade de "beneficiar da lição do direito do trabalho, na procura das adaptações necessárias ao seu constante aperfeiçoamento na prossecução do interesse público", segundo Maria do Rosário PALMA RAMALHO.

---

[267] Cfr. Artigo 99 do Estatuto Geral dos Funcionários do Estado.
[268] Também defendida por Franco Bassi. *Art. 14 dello statuto dei lavoratori e publico impiego. Apud.* FERNANDA NEVES, Ana. *Relação Jurídca,* 1999, cit., pg. 65.

Rejeita-se, por isso, a tese de uma simples transposição cega do direito do trabalho para o direito da função pública, mas admitem-se as interpenetrações dos regimes do trabalho público e privado, com o progressivo reconhecimento de uma identidade entre o funcionário público e o trabalhador assalariado[269].

3.4. O significado e relevância da exclusão da função pública do âmbito da LT: a rejeição da aplicabilidade directa da LT

Face à conclusão de que a relação de trabalho na função pública é uma forma especial – espécie – de relação individual de trabalho, parece estranho à primeira vista que o legislador, diferentemente do que fez com outros regimes especiais, tivesse consagrado que a função pública se rege por regime específico. É que, em relação às demais relações individuais de trabalho que requeiram regimes especiais, o legislador limitou-se apenas a dizer que a LT é aplicável em tudo o que a sua natureza não se opuser; mas em relação à função pública, ao definir o âmbito de aplicação da LT, remete, expressa e claramente, as relações de trabalho dos funcionários do Estado para um regime específico.

Há um primeiro sentido e relevância que se podem retirar desta opção do legislador. Como é evidente, o que o legislador pretende dizer é que, nas demais relações de trabalho, enunciadas no artigo 3 da LT, o regime desta última (LT) tem aplicação directa. Ou seja, a LT regula aquelas relações de forma directa e subsidiária, desde que naqueles regimes especiais determinada matéria não esteja especialmente tratada.

Porém, o mesmo regime de aplicação directa e subsidiária da LT já não poderá ser extensivo à função pública na medida em que, para o legislador, a disciplina jurídica desta espécie de emprego público consta de **"regime específico"**. Em lugar de usar a terminologia "regime especial", o legislador vinca o facto de o regime da função pública ser específico, o que, à luz da concepção liberal do Direito Administrativo, pode querer significar que este ramo do direito, a que pertence o regime da função pública, se constrói como um conjunto de excepções ao regime comum,

---

[269] Vide nota de roda pé n.º 36, em LIBERAL FERNANDES, Francisco. *Autonomia Colectiva dos Trabalhadores da Administração*, cit., pg. 23.

justificadas pela diferente natureza da Administração, neste caso entidade empregadora, e pelas suas específicas exigências[270].

É por isso que, dado o carácter acentuadamente especializado do regime da função pública, ele deixa de ser simplesmente um regime especial como qualquer outro, passando a ganhar o significado de um *regime específico*. Com efeito, "aquilo a que se obrigam mediante o vínculo estabelecido com a Administração e o conjunto de exercício de funções dos vários agentes vem a redundar na actividade da Administração. Esse exercício e esta actividade são conformados por particulares princípios que tais preceitos albergam"[271]. Consequentemente, "a aplicação do Direito Civil ou do Direito do Trabalho, na medida em que se parametrize por essas limitações públicas, não será aplicação pura e simples desses ramos de Direito, mas de normas desses Direitos, tornadas próprias (específicas) da Administração"[272].

Portanto, o significado e relevância da remissão da função pública para regime específico tem que ver com o facto de a relação de trabalho estabelecida entre a Administração e o Administrado (trabalhador), apesar de ser uma espécie do género da relação jurídica de trabalho subordinado, a LT não lhe ser directamente aplicável nos termos definidos no artigo 3 deste diploma legal.

Mas se a LT não é directamente aplicável à função pública, em que condições é ela aplicável a este tipo de relações? Desde logo, dizer que, se entre a relação de trabalho subordinado e a relação de trabalho na função pública existe uma certa semelhança, não significa que automaticamente a relação que se pode estabelecer entre os respectivos regimes jurídicos seja de género e espécie. Daí que, como questão prévia à resposta da questão de saber em que condições a LT se aplica nas situações jurídicas de emprego na função pública, é necessário estabelecer a posição que o regime jurídico da função pública ocupa face à LT. Será aquele um regime especial ou excepcional deste?

---

[270] Vide o ponto sobre "A generalização das formas de actuação de direito privado" da Administração Pública em Maria João ESTORNINHO. *A fuga para o direito privado*, cit., pgs. 42 a 46.
[271] FERNANDA NEVES, Ana. *Relação jurídica de emprego público*, 1999, cit. pg. 47.
[272] FERNANDA NEVES, Ana. *Relação jurídica de emprego público*, 1999, cit., pg. 46.

3.5. A posição do regime específico da Função Pública face à LT

A tradicional relação entre dois ramos que se relacionam, normalmente porque uma nasceu no seio da outra, mas que por razões da especificidade do objecto que uma delas regula, tornou clássico o posicionamento entre o direito comum e o direito especial. Qualquer relação que se pretenda estabelecer entre a LT e o regime da função pública não escapa a um posicionamento que *a priori* qualifica o primeiro como o género de que o segundo é espécie.

Porém, para quem analisa a questão tendo como ponto de partida algumas razões que levaram ao estabelecimento do regime específico da função pública, facilmente será levado a estabelecer uma relação de antinomia entre o regime comum da LT com o regime que regula as relações de trabalho dos funcionários públicos. Não faltam correntes doutrinárias que defendem o carácter excepcional do regime laboral da função pública. Os defensores de soluções pragmáticas preferem encontrar na autonomia do Direito Administrativo a explicação da relação entre o regime da LT com aquele último. Preferem sim, posicionar o regime da função pública como um regime autónomo. Qualquer uma das posições aqui explanada é rica em consequências, sobretudo quanto à problemática da aplicação da LT às relações jurídico-laborais na função pública.

Basta pensar que, se a relação entre os dois regimes for de género e espécie, significará isso que a LT tem uma aplicação subsidiária sobre o regime laboral público. Nos termos da LT, a subsidiariedade em relação aos regimes especiais opera nos termos do artigo 3, donde se encontra uma solução de aplicação directa. Com efeito, dispõe o artigo 3 que o regime da LT é aplicável às relações de trabalho reguladas em regime especial, desde que sofra as necessárias adaptações.

Mas se se opta pelo regime da excepcionalidade entre o regime geral e o da função pública, isso significa que entre ambos não há nenhum contacto, sobretudo quanto à matéria do preenchimento de lacunas.

Já a solução da autonomia do direito administrativo, donde também resulta a autonomia do regime laboral da função pública, permite alguns pontos de encontro entre os regimes, justamente pelas regras de preenchimento de lacunas.

Perante estas várias possíveis soluções, que encaram o regime da função pública como um regime especial a), regime excepcional b) ou regime autónomo c), qual delas deverá vingar?

a) *A corrente da relação de especialidade*[273]

Ao remeter a função pública para regime próprio, a LT limita-se a dizer que as relações de trabalho dos funcionários do Aparelho do Estado regem-se por estatuto específico. Mas a lei não diz tratar-se este regime de um regime especial.

Porém, tomando em consideração que o legislador fala dos regime especiais no artigo 3 da LT, donde não consta qualquer menção ao regime da função pública, pode dizer-se, desde logo, que se está em face de um regime não especial, no sentido jurídico da palavra. Aliás, mesmo na bibliografia jurídico-laboral mais autorizada, com excepção de PEDRO ROMANO MARTINEZ, que trata deste regime no âmbito das situações de trabalho subordinado sujeitos a regimes especiais, o regime da função pública não consta do leque das chamadas relações jurídico-laborais especiais.

Contra estes argumentos pode dizer-se que os regimes especiais elencados no artigo 3 da LT correspondem a uma enumeração enunciativa, bastando para tal notar que o legislador fala aí de *"outros sectores que requeiram regimes especiais"*. Quanto à falta de menção da função pública na doutrina *juslaboral,* tal pode ser resultado do facto de a matéria da função pública ser considerada tradicionalmente objecto do direito administrativo e, por isso, a doutrina laboral não se preocupa com ela[274].

Numa primeira forma de ver as coisas, pode dizer-se, como escreve LIBERAL FERNANDES, que "se bem que no actual estádio de evolução jurídica não seja ainda possível concebê-los como duas espécies do mesmo género de relação jurídica – com efeito, o emprego público continua a subsistir como uma categoria jurídica distinta do contrato de trabalho"[275], ou em outras palavras, que apesar dos "evidentes traços de aproximação entre as situações de emprego público e do trabalho subordinado privado se opõem as lógicas diversas de construção jurídica que inerem à inserção

---

[273] Este ponto corresponde essencialmente, embora com ligeiras alterações, ao Relatório elaborado durante a parte lectiva do Mestrado, com o título. "Haverá um direito a greve na função pública no direito moçambicano?"

[274] Neste sentido, LIBERAL FERNANDES, Francisco. *Autonomia colectiva dos trabalhadores da Administração,* cit., pgs. 11 e ss.

[275] LIBERAL FERNANDES, Francisco. *Autonomia Colectiva dos Trabalhadores da Administração,* cit., pg. 12.

de cada uma destas situações nas duas grandes áreas de *summa divisio* do sistema jurídico – o direito privado e o direito público"[276].

Mas o preâmbulo do **EGFE** constitui também um primeiro ponto de partida para a defesa do carácter especial deste regime em relação à LT. Dispõe o referido preâmbulo que o regime consagrado pelo **EGFE** foi elaborado na base dos princípios do Direito do Trabalho. Por isso, se este regime fosse excepcional não se inspiraria nos princípios laborais, pois estes é que constituiriam a base do sistema que aquelas visariam excepcionar. Portanto, há aqui um primeiro indício da especialidade daquele regime.

Em segundo lugar, a Jurisprudência do TA que, ao decidir no Acórdão n.º 29 de 1998 da 1.ª Secção do TA, aplicou a Lei de Trabalho de forma analógica para suprir uma aparente lacuna do EGFE[277], assumiu implicitamente que este regime é especial, tanto em razão da matéria como em razão do seu objecto.

Em terceiro lugar, pode dizer-se que "a diferenciação normativa existente não invalida que os dois vínculos possam ser tratados como variantes de uma mesma relação social"[278]. Noutro sentido, pode mesmo afirmar-se que a tendência de privatização do emprego público vem, paulatina mas seguramente, pondo em causa a ideia tradicional da excepcionalidade da contratação laboral do sector público[279].

Trata-se efectivamente de um direito especial, no sentido de que as suas normas, pelas mesmas razões que justificaram o surgimento do Direito Administrativo, regulam um tipo especial de relações laborais. Com efeito, não se deve negar que o trabalho na função pública constitui uma

---

[276] PALMA RAMALHO, Maria do Rosário. *Intersecção entre o regime da função pública e o regime laboral,* cit., pg. 439.

[277] Salvo melhor opinião, a referida lacuna era aparente, pois o Artigo 7, n.º 2 do EGFE resolve o problema dos agentes de facto. Com efeito, o referido preceito considera funcionários públicos aqueles que exercem funções nos quadros pessoal do Aparelho do Estado com carácter permanente e não precário. Parece que esta norma se aplica àqueles que, por alguma razão, tenham ingressado na função pública de modo irregular, mas de boa fé, e que exerçam as suas funções como verdadeiros funcionários públicos.

[278] Cfr. CARMELO ROMEO. *"La privatizatizzazione ovvero la contrattualizzazione del pubblico impiego"*, *Rev. Dir. Lav,* 1991, I, pg. 303, *Apud* LIBERAL FERNANDES, Francisco. *Autonomia Colectiva,* cit., pg. 12, nota de roda pé 4.

[279] PALMA RAMALHO, Maria do Rosário. *Intersecção entre o regime da função pública,* cit., pg. 455.

verdadeira relação jurídica de trabalho subordinado, mas que, devido às especificidades próprias do fim prosseguido pela entidade empregadora, o seu regime foi subtraído do regime laboral comum.

Todavia, é discutível a questão de saber se a especialidade do EGFE é a referida no artigo 3 da LT, no sentido de se tratar de um regime especial face ao do Direito do Trabalho. Com efeito, dispõe este preceito que se os regimes especiais não dispuserem sobre determinada matéria, poderá ser aplicada a LT em tudo o que a natureza especial da relação não impedir essa aplicação. Esse processo corresponderia à aplicação directa do Direito do Trabalho aos regimes especiais, embora com as necessárias adaptações.

Contra essa aplicação directa, a própria LT assume uma posição, porquanto consagrou a regra segundo a qual as relações de trabalho dos funcionários do Estado regem-se por legislação específica. Portanto, a própria LT exclui do âmbito da sua aplicação pessoal directa os funcionários públicos e, por isso, ao EGFE não é aplicável a regra constante do artigo 3 daquele diploma legal.

Pelo que, a ausência de norma específica que regulamenta determinada matéria na função pública só pode ser resolvida por via de recurso ao processo de integração de lacunas.

b) *A corrente da relação de excepcionalidade*

Diz-se que uma norma é excepcional em relação à outra quando "o seu regime é, sob os mesmos pressupostos, distinto ou oposto ao que esta última estabelece.

As normas em causa – geral e excepcional – estabelecem regimes distintos, de tal modo que o regime da hipótese excepcional se resolve na aplicação da norma excepcional, com exclusão do regime fixado para as demais hipóteses do mesmo género pela norma geral"[280].

A qualificação do regime da função pública como regime especial se "reveste de grande importância prática, em vista do disposto no artigo 11 do CC., segundo o qual as normas excepcionais, sendo embora passíveis de qualquer forma de interpretação, incluindo a extensiva, não comportam contudo a aplicação analógica"[281].

---

[280] MARQUES, José Dias. *Introdução ao Estudo do Direito*. Lisboa, 1994, 2.ª, pg. 184.
[281] MARQUES, José Dias. *Introdução ao Estudo do Direito*, ob. cit., pg. 184.

A tradição do estudo do regime da função pública dentro do Direito Administrativo arrasta, inevitavelmente para a natureza excepcional deste regime àqueles que vêm o direito administrativo como um direito excepcional, isto é, como um conjunto de excepções ao direito privado. Esta é já uma concepção ultrapassada[282].

A LT moçambicana diz que os funcionários públicos regem-se por estatuto específico. O mesmo sucede também, por exemplo, no direito espanhol cuja Constituição determina que a Lei regulará um Estatuto dos Trabalhadores e um Estatuto dos Funcionários público. Por causa desta redacção, a Constituição espanhola é tida como colocando o regime laboral e o da função pública como *"dos normas distintas y que asi recogen «la distintión entre el personal funcionario e personal laboral...básica en la legislacion vigente»"*[283]. Este problema da distinção entre as duas normas coloca-se no direito moçambicano, tendo em conta a forma como a LT faz a remissão do regime da função pública para estatuto específico.

Relacionando o EGFE com a LT, nada indica que aquela apresente um carácter de norma excepcional. Desde logo porque o EGFE foi elaborado *"tendo em conta os princípios fundamentais definidos pela LT"*[284], o que leva a crer que o legislador moçambicano entendeu que o regime da função pública deveria ser inspirado a partir da LT. Pelo que se afasta a hipótese de se tratar de um regime excepcional, pois se assim fosse o seu regime seria enformado por princípios próprios e de carácter excepcional aos da LT.

Por outro lado, o Tribunal Administrativo de Moçambique, ao recorrer por analogia a uma norma da LT, firmou como jurisprudência nacional que *"parece não ser repugnável aceitar o princípio de que aquela norma do direito privado possa ser aplicada numa relação jurídica do direito público na medida em que procedem os pressupostos da analogia aceites pelo legislador"*. Um dos pressupostos que a lei exige para que a analogia seja aceite é o carácter não excepcional da norma cuja lacuna se pretende integrar.

O carácter excepcional do regime da função pública tem sido commumente exemplificado através do direito à negociação colectiva, bem

---

[282] FREITAS DO AMARAL, Diogo. *Curso de Direito Administrativo*. Vol. I, cit., pg. 155.

[283] OLEA, Manuel Alonso/BAAMONDE, Maria Emília casas. *Derecho del Trabajo*. Civitas, Madrid, 2001, 19.ª edição, pg. 85.

[284] Preâmbulo do Decreto n.º 14/87, de 20 de Maio que aprova do Estatuto Geral dos Funcionários do Estado (EGFE).

como o direito à greve dos funcionários públicos. Alega-se que o carácter específico da função pública e os interesses em jogo aconselham a consagração de um direito distinto do direito geral, não em razão da sua especialidade mas sim da sua excepcionalidade.

Semelhante entendimento está ultrapassado, pelo menos nos regimes de Estados de Direito democráticos, pois as relações de trabalho entre a Administração e os Administrados não podem, jamais, ser entendidas como relações de poder. Com efeito, o facto de a eficácia da nomeação depender da tomada de posse, torna evidente que a constituição da relação de trabalho não ocorre no âmbito do exercício de prerrogativas de poder público no sentido tradicional do termo, pois se assim fosse a tomada de posse seria obrigatória. Mas, no direito moçambicano a posse é um direito, nos termos do artigo 28 do EGFE, de que depende a aquisição da "qualidade de funcionário do Estado com o conjunto de direitos e deveres"[285].

Portanto, se na constituição da relação jurídica de trabalho na função pública rege o princípio da autonomia privada das partes, claro está que o Estado entra nesta relação destituído do seu poder *ius imperi*. Não se compreenderia por que razão tal relação seria regulada por normas excepcionais e não especiais. Neste caso, não há distinção nem oposição de princípios.

Assim, no Direito moçambicano, semelhante posição (do carácter excepcional) é insustentável. As normas que regulam a função pública apresentam-se como especiais em relação à LT. Esta especialidade tem consagração legislativa (preâmbulo do EGFE) e consagração jurisprudencial (acórdão n.º 29/98 da 1.ª Secção do TA de Moçambique).

Todavia, a especialidade das normas que regem a Função Pública deve ser encarada na perspectiva da sua integração no Direito Administrativo, donde pode resultar a sua autonomia face ao regime laboral comum.

c) *A corrente da autonomia do regime da função pública*

Com efeito, a especialidade do EGFE em relação ao Direito do Trabalho deve ser vista do ponto de vista da autonomia do Direito Administrativo[286]. É preciso não deixar de parte o facto do direito laboral

---

[285] N.º 2 do Artigo 28 do EGFE.
[286] Vide por todos FREITAS DO AMARAL, Diogo. *Curso de Direito Administrativo*, cit., pgs. 154 e ss.

da função pública situar-se no âmbito do Direito Administrativo, ramo autónomo de Direito[287].

Por isso, para não prejudicar esta autonomia, a especialidade do EGFE perante a LT deve ser vista também do lado do Direito Administrativo, da mesma forma que este ramo de Direito é um Direito especial em relação ao Direito comum. O Direito Administrativo é um ramo do direito diferente do direito privado – mas completo, que forma um todo, que constitui um sistema, um verdadeiro corpo de normas e de princípios subordinados a conceitos privativos desta disciplina e deste ramo do direito[288].

Esta maneira de ver as coisas tem implicações, nomeadamente no que diz respeito ao processo de integração de lacunas do EGFE. Com efeito, ela não só exclui a possibilidade de aplicação directa da LT como também impede a aplicação subsidiária deste diploma legal, porquanto a subsidiariedade das normas resulta do facto de duas normas situarem-se no mesmo ramo de Direito. Mas no caso em apreço, está-se em presença do Direito privado e do Direito Público. Parece, por isso, forçado admitir que a aplicação das normas da LT ao EGFE resulte de uma relação de subsidiariedade.

Por isso, por um lado, reconhecido por exemplo o direito à greve dos funcionários públicos, mas sem uma regulamentação específica por omissão do legislador e, por outro, assumindo que o EGFE é um direito especial autónomo, resta apenas dizer que o processo de integração de lacunas em matéria da greve dos funcionários deve ser por aplicação analógica da LT.

A expressão legislação específica, constante da LT, tem o significado de que dentro da AP aplica-se um direito de inspiração diferente da que regula os contratos de trabalho no sector privado. Os princípios deste direito 'especial' baseiam-se, em grande parte, na ética própria do serviço público, fundada em motivações diferentes do direito privado. Contudo, esta especificidade não impede a tendência muito forte de aplicar-se aos funcionários públicos, e particularmente, aos trabalhadores

---

[287] Neste sentido vide o MONTEIRO FERNANDES, António Lemos. *Direito do Trabalho*. Vol. 1, *Relação individual do Trabalho*, Almedina, Coimbra, 1994, 9.ª edição. *O estatuto dos trabalhadores da função pública assume características diferenciadas relativamente ao das pessoas envolvidas em relações jurídico-privadas de trabalho; não pertence ao Direito do Trabalho, mas ao Direito Administrativo*, pg. 13.

[288] FREITAS DO AMARAL, Diogo. *Curso de Direito Administrativo*, cit., pg. 155.

públicos não titulares da qualidade de funcionário, de princípios próprios do direito do trabalho[289].

A questão da autonomia do Direito Administrativo não parece fugir muito da sua natureza especial em relação ao direito privado. O que parece certo é que o direito administrativo é um ramo de direito especial, mas com autonomia dogmática própria, uma vez que contém princípios e regras próprias diferentes das do Direito Privado. Em matéria laboral, seria de admitir que se está "perante um regime laboral da função pública, cujo modelo de referência seria a legislação comum do trabalho e o quadro sócio-económico em que se desenvolvem as relações privadas de trabalho"[290].

A autonomia ente a LT e o regime da função pública é evidente no seguinte extracto: *"el régimen administrativo y el régimen laboral son técnicas de organization entre elas que se puede optar para configurar la relación jurídica de la Administración con el personal a su servicio; lo que ocurre es que la opción entre estas técnicas técnicas queda reservada a la ley"*[291]. Mas isso não quer dizer que este aparente paralelismo entre os dois regimes apaga a sua relação de especialidade, pois são dois regimes especiais que fornecem opções de escolha para a sua aplicação na Administração Pública.

d) *Posição adoptada*

Muito pouco há ainda a dizer. Simplesmente, aderir à tese da autonomia do regime da função pública face ao regime laboral comum. Autonomia que resulta do enquadramento da função pública dentro do Direito Administrativo, ramo de Direito com autonomia dogmática própria.

Mas, apesar desta autonomia, o regime da função pública confronta-se com o problema de que o facto social que ela visa regular – a relação de trabalho dos Funcionários Públicos – é, em muitos aspectos, idêntica àquela que é regulada pelo regime laboral comum.

---

[289] PLANTEY, Alain. *La Fonction Publique. Traité Général.* LITEC. Paris, 1991, pg. 6.
[290] LIBERAL FERNANDES, Francisco. *Autonomia colectiva dos trabalhadores Administração Pública,* cit., pg. 24.
[291] OLEA, Manuel Alonso. *Derecho del Trabajo,* cit., pg. 85.

É inevitável, por isso, que o regime da função pública se deixe influenciar pelo regime laboral comum.

3.6. As condições da transposição da LT para as situações jurídicas de trabalho na função pública

a) *A transposição pelo processo de preenchimento de lacunas*

a.1) *Colocação do problema em geral*

FRANCIS ZAPATA escreve, a propósito da aplicação do regime do Direito do Trabalho ao pessoal do sector público, que se é evidente que o direito público influencia profundamente as relações de trabalho dentro das empresas privadas, observa-se também que, inversamente, o direito do trabalho, normalmente chamado direito comum, penetra nas relações de trabalho dos agentes públicos e profissionais do sector público[292].

A relação de especialidade e de autonomia do regime da função pública face à LT permite admitir a hipótese de que o regime do direito de trabalho pode ser aplicado às relações de trabalho de emprego público. Questão diferente, e mais importante, é a determinação das condições dessa aplicação do regime comum na Função Pública.

A propósito do tema, existem duas posições teóricas, que talvez não se dissesse contrárias, mas sim complementares. São elas a tese da inaplicabilidade da lei e do direito do trabalho (a.1) e a segunda a tese da aplicação dos princípios laborais quando não contrariem o espírito que norteia o serviço público (a.2)

a.2) *A corrente da inaplicabilidade da LT às situações jurídicas de trabalho na função pública*

Segundo esta tese, o direito do trabalho comum não se aplica às relações de trabalho dos funcionários e agentes administrativos, pois as exigências particulares do serviço público impuseram e justificaram as derro-

---

[292] ZAPATA, Francis. *Le Juge Administratif et l'application du code do travail aux personel du secteur publique*. Revue Droit Social, N.º 7/8 Juillit-Aout 1996, pg. 697.

gações que o regime da função pública faz ao regime comum. Por isso, não faz sentido que, por um lado, a lei derrogue as normas da LT e, por outro, as resgate para se tornarem aplicáveis aos funcionários públicos.

Pertencem a esta tese aquelas correntes que defendem ainda a concepção clássica do emprego público, as quais não reconhecem nenhuma proximidade entre o direito da função pública e o direito laboral, admitindo apenas uma relação de antinomia[293].

a.3) *A corrente da aplicabilidade da LT às situações de emprego na função pública*

Segundo esta tese doutrinária, e a mais corrente[294], a autonomia do Direito Administrativo não impede a aplicação das normas do direito de trabalho aos funcionários públicos. Todavia, é necessário que várias condições se encontrem preenchidas, a saber:

- Que as normas de direito público sejam omissas em relação a determinada matéria que se encontra regulada no direito do trabalho comum;
- Desde que o regime do direito privado não seja incompatível com as necessidades do serviço público[295];
- Desde que seja evidente ou previsível que a regra do direito administrativo não seria diferente da do direito privado em termos de conteúdo, na medida em que em tais casos o legislador ou o próprio juiz administrativo estima que as exigências da vida administrativa são, em tal matéria, análogas às de direito privado[296].

Com efeito, nem todos os aspectos da vida da relação de trabalho encontram consagração no regime da função pública, sendo disso exemplo

---

[293] Sobre as críticas à concepção clássica do emprego público, vide. LIBERAL FERNANDES, Francisco. *Autonomia Colectiva dos Trabalhadores da Administração Pública*, cit..

[294] Cfr. ZAPATA, Francis. *Le juge administratif,* cit., pgs. 698 e ss. LAUBADÈRE, André. *Traite de Droit Administratif,* cit., Tome I, 28 e Tome II, 29.

[295] ZAPATA, Francis. *Le Juge Administrative,* art. cit., pg. 701.

[296] Disso é exemplo o legislador português que em matéria de sindicalismo faz a transposição do regime laboral comum para a função pública, sujeitando-a às necessárias adaptações. Em tal caso, o legislador no seu prudente arbítrio reconhece que as exigências do sindicalismo nas relações laborais privadas são análogas às dos funcionários públicos.

o regime dos direitos colectivos dos trabalhadores públicos. Em face do que em matéria dos direitos fundamentais dos trabalhadores dispõe a Constituição da República, é evidente que os direitos colectivos dos trabalhadores públicos se encontram omissos. Aliás, no direito moçambicano, aquando da tentativa de criação do Sindicato Nacional da Função Pública, perante a ausência de um regime específico, o Governo e a Organização dos Trabalhadores moçambicanos tiveram de estabelecer um memorando de entendimento através do qual do governo se compromete a acelerar a criação de um regime especial. Tomando o exemplo do direito à greve cujo regime se encontra omisso no regime da função pública, há que indagar se não haveria neste aspecto campo para aplicação da LT para o preenchimento da lacuna.

A integração de lacunas com recurso ao regime laboral não se processa somente com a utilização das normas do referido regime. Pode também ocorrer pela aplicação dos princípios do direito do trabalho perante o silêncio das normas do direito público[297]. Na expressão de ZAPATA, de uma maneira geral, a formulação e aplicação dos princípios gerais do direito do trabalho pelo juiz administrativo opera dentro do respeito pela compatibilidade desses princípios com as obrigações da Administração resultantes da missão do serviço público[298].

b) *A transposição pela influência mútua entre o direito da função pública e o regime laboral comum*

A inaplicabilidade do regime laboral na função pública constitui a regra geral: a própria LT assim o determina ao remeter o regime dos funcionários públicos para estatuto específico. Este estatuto específico, situado no direito público, designadamente o Direito Administrativo, justifica o aparente desinteresse que os juslaboralistas demonstram em relação às relações jurídicas de emprego público[299]. Com efeito, a "tradicional

---

[297] ZAPATA, Francis. *Le juge administratif et l'application du code du travail aux personnels du secteur public,* cit., pg. 703.

[298] ZAPATA, Francis. *Le juge administratif et l'application du code du travail aux personnels du secteur public,* cit., pg. 698.

[299] LIBERAL FERNANDES, Francisco. *Autonomia Colectiva dos Trabalhadores da Administração,* cit., pg. 11.

separação entre os domínios público e privado do sistema jurídico alicerçou uma construção dogmática diferenciada das duas situações jurídicas, e, nessa medida, contribui para perpetuar a visão das suas afinidades como desvios pontuais num regime globalmente diverso, prosseguindo metas próprias e inspirado em valores opostos"[300]. Se até há algum tempo os referidos desvios foram vistos como excepções, a realidade tem vindo a demonstrar que tais excepções actualmente traduzem-se numa tendência normal do relacionamento entre o regime do Direito Administrativo e o direito laboral.

As transformações que o próprio Direito Administrativo tem vindo a sofrer ao longo do tempo favorecem um cada vez maior relacionamento com o Direito Privado. Hoje em dia, o estudo do Direito Administrativo não se centra somente no Acto Administrativo – decisão unilateral da Administração Pública que define a posição dos particulares, independentemente da sua vontade –, mas também, e sobretudo, na relação jurídica administrativa[301]. Esta relação jurídica administrativa, que pode resultar do próprio acto administrativo (desde logo a relação jurídica funcionarial que resulta do acto administrativo de nomeação para um cargo) baseia-se no princípio do respeito pelas posições subjectivas dos particulares[302]. A noção da relação jurídica administrativa fundamenta, no Direito Administrativo, a ideia de que a AP, na sua relação com os particulares, tem direitos e deveres.

A noção de relação jurídica administrava no campo do Direito Administrativo favorece, pois, o recurso ao direito privado, nomeadamente ao Direito do Trabalho. Com efeito, "o que se vem verificando é que, apesar de formalmente colocados em pólos opostos da *summa divisio* da ordem jurídica, os vínculos de trabalho subordinado privado e de funcionalismo público evidenciam tantas semelhanças e pontos de contacto que faz cada vez mais sentido falar em tendências recíprocas de inter-

---

[300] PALMA RAMALHO, Maria do Rosário. *Intersecção entre o regime da função pública e o regime laboral*, cit., pg. 440.

[301] As próprias Competências do TA são definidas em termos de "julgar as acções que tenham por objecto litígios emergentes das relações jurídicas administrativas" – artigo 230, al. a) da CRM, segundo a revisão de 2004.

[302] REBELO DE SOUSA, Marcelo & SALGADO DE MATOS, André. *Direito Administrativo Geral. Introdução e princípios fundamentais*. Tomo I, Dom Quixote, Lisboa, Outubro de 2004, 1.ª edição, pgs. 203 e ss.

secção"[303]. Neste sentido, nas relações jurídicas administrativas, de trabalho, as similitudes com as relações laborais comuns vão favorecer estas influências mútuas pelo crescente recurso a institutos do direito laboral para a função pública.

No direito francês, a aplicação do *Code du Travail* às relações de emprego público pode resultar de estipulações contratuais, no contrato administrativo de provimento[304], que escolhe o regime laboral para regular certos aspectos do contrato[305]. Todavia, convém referir que esta remissão para o direito privado, de estipulações contratuais no contrato administrativo de provimento, deve ter os seus limites, nomeadamente a sua inaplicabilidade para aqueles aspectos de regime da função pública que, por serem relativos ao exercício de poderes de autoridade, nunca podem ser regulados pelo direito privado[306]. Os funcionários em fase de provimento provisório, que ainda não possuem a qualidade de funcionários públicos, podem recorrer aos princípios próprios do direito do trabalho[307] para defenderem algumas das suas posições jurídicas.

Esta intersecção entre o regime da função pública e o regime laboral tem maior destaque em matéria dos direitos fundamentais onde se verifica "a expansão de direitos fundamentais tradicionalmente reconhecidos aos trabalhadores privados para o sector público, que é particularmente significativa no que se refere aos denominados direitos laborais colectivos – a liberdade sindical, o direito de negociação colectiva e o direito de greve"[308]. Mas, mesmo nestes casos, tal expansão não é pura e simples, pois:

> *a)* Em matéria da liberdade sindical o regime português (Lei n.º 65/77), por exemplo, através da Lei da Greve estendeu o regime

---

[303] PALMA RAMALHO, Maria do Rosário. *Intersecção entre o regime da função pública e o regime laboral,* cit., pg. 443.

[304] Aqui chamado de contrato de trabalho de direito público. SAINT-JOURS, Alain. *Manuel de Droit du Travail dans le secteur public. (Fonction Publique. Fonction territoriale. Entreprieses Publique).* L.G.D.J., Paris, 1986, pgs. 30 e ss.

[305] ZAPATA, Francis. *Le juge administrative et l'application du code du travail aux personnels du secteur public,* cit., pg. 698.

[306] OTERO, Paulo.*Os caminhos da Privatização da Administração Pública. Coordendas Jurídicas da Privatização da Administração Pública,* cit., pg. 56.

[307] PLANTEY, Alain. *La Fonction Publique,* cit., pg. 12.

[308] PALMA RAMALHO, Maria do Rosário. *Intersecção entre o regime da função pública e o regime laboral,* cit., pg. 452.

laboral comum, mas sujeito às necessárias adaptações compatíveis com o interesse público;

b) A matéria objecto de negociação colectiva[309] entre os funcionários e a Administração Pública está, em último caso, dependente da decisão governamental como garante do interesse público. É o que acontece, por exemplo, em matéria da concertação social em Moçambique onde o Governo tem a reserva legal de estabelecer, por decisão unilateral, o salário mínimo em vigor no país. Daí não se poder falar de um verdadeiro direito à negociação colectiva para a função pública, na medida em que as obrigações de serviço são fixadas de maneira unilateral pelas autoridades hierárquicas[310]. Mas, ela pode funcionar no âmbito da iniciativa legislativa governamental, no sentido de que os acordos celebrados na negociação colectiva são tidos em conta no processo legislativo sobre a função pública.

c) Em matéria do direito de greve, o recurso ao direito privado é limitado por princípios próprios do direito público, nomeadamente o princípio da continuidade do serviço público.

O campo de aplicação das influências que o regime da função pública pode receber do direito privado é muito vasto. Com efeito, tais influências podem verificar-se em relação ao regime de segurança e higiene no trabalho, facilmente adaptável para estabelecimentos públicos, tais como hospitais; pode também ocorrer no contexto da cessação das relações de emprego público, no que se refere ao regime do pré-aviso e das indemnizações. Nada obsta a que, nesta matéria, seja aplicado um regime similar ao do direito privado, pois o regime da função pública não é muito claro a esse respeito[311]. Pode até dizer-se que este processo de laboralização do

---

[309] A negociação colectiva na Itália é vista a partir de uma engenhosa interpretação da reserva legal em relação ao regime público, donde resulta em princípio a sua inegociabilidade. Entende-se que a reserva da lei é objectiva e tem como finalidade proteger os próprios funcionários em face do poder governamental. Por isso que outras formas de protecção do funcionário são aceitáveis, nomeadamente o sindicalismo, a negociação colectiva e a greve. PARADA, Ramón. *Derecho Administrativo* II, cit., pg. 417.

[310] ZAPATA, Francis. *Le juge administratif et l'application du Code du travail aux personnels du secteur public*, cit., pg. 701.

[311] Neste sentido. ZAPATA, Francis. *Le juge administratif et l'application du Code du travail aux personnels du secteur public*, pgs. 698 e ss.

emprego público vai culminando aos poucos com uma aplicação linear do direito laboral a quase totalidade da função pública[312].

A utilização do contrato de trabalho para a constituição de relações jurídicas de emprego público é a forma mais comum desta laboralização do emprego público. Todavia, Maria do Rosário PALMA RAMALHO adverte para ao facto de que "em bom rigor, a designação de «privatização» seja imprópria quando aplicada a esta situação, porque o que está em causa é a celebração *ab initio* de um negócio de direito privado, em que a entidade pública se comporta como um empregador comum"[313]. Todavia, deve dizer-se também que a expressão é tolerável na medida em que qualquer relação de trabalho na Administração Pública traduz uma situação de emprego público; donde resulta que o contrato de trabalho celebrado pela Administração é um instrumento, em certa medida, de privatização desse emprego público.

Dentro dos limites considerados aceitáveis, no âmbito da chamada privatização da Administração Pública em geral e da laboralização do emprego público em particular, a influência entre o direito da função pública e o direito do trabalho é vasta, podendo abranger a generalidade das situações que se podem levantar em qualquer situação jurídica de emprego público.

3.7. Considerações finais sobre o terceiro capítulo

As relações de emprego público na função pública em sentido restrito são uma espécie do género relações de trabalho subordinado. É um trabalho que, pelas suas especificidades e características, reclama um regime especial que, por estar incluído no Direito Administrativo, tem autonomia perante o regime laboral comum. Todavia, este regime especial, dada a natureza eminentemente pública das situações jurídicas de emprego na função pública, é um regime de direito público, nomeadamente o direito administrativo. Com efeito, o direito laboral da função pública, se é que assim se pode chamar, faz parte do conjunto das normas de Direito Admi-

---

[312] PARADA, Ramón. *Derecho Administrativo* II, cit., pg. 418.

[313] PALMA RAMALHO, Maria do Rosário. *Intersecção entre o regime da função pública e o regime laboral*, cit., pg. 451.

nistrativo que regem as relações entre a Administração Pública e os Administrados. Só que, neste caso, o Administrado é colaborador da própria Administração.

Neste sentido, o regime jurídico da função pública goza da própria autonomia do Direito Administrativo. Porém, o próprio Direito Administrativo, sendo um ramo de direito especial, especializado do direito comum, tem neste último o direito que pode inspirar as suas orientações. É neste contexto que a aplicação da LT nas situações jurídicas de emprego na função pública tem um carácter também subsidiário, no sentido de que este regime só se aplica quando o regime da função pública for omisso em determinada matéria.

Mas, mesmo assim, aplicação da LT não é directa, i.e., não se pode entender que a transposição da LT para as situações jurídicas de emprego na função pública seja pura e simples. Aliás, mesmo em relação aos regimes especiais, a própria LT determina que as relações sujeitas a estes regimes "são reguladas pela presente Lei em tudo o que se mostrar adaptado à sua natureza e características particulares"[314]. Portanto, é a própria LT que se auto-limita em matéria da sua transposição para os regimes especiais, ainda que estes sejam do direito privado. Ela só é aplicável se as suas normas puderem adaptar-se às especificidades e características do tipo de relação especial de trabalho subordinado.

Por outro lado, a especificidade dos fins a que a relação de trabalho se encontra adstrita na função pública, justificando a submissão destas relações a um direito público, exige como condição da transposição da LT, que o caso a regular no emprego público seja análogo ao regulado pela LT, se não houver analogia, i. e, se não procederem as mesmas razões que determinaram a criação da norma nas relações de trabalho subordinado comum, a LT não será de aplicar.

Por outro lado, o evoluir próprio do regime da função pública, dadas as suas afinidades com o regime laboral comum, fá-lo receber algumas influências do direito privado (do trabalho).

Compulsando esta evolução em direito comparado, nomeadamente Espanha, França e Portugal constata-se que a penetração do direito do trabalho no regime da função pública teve muito que ver com a problemática dos direitos fundamentais dos trabalhadores do sector público que, no

---

[314] Artigo 3 da LT.

silêncio do direito público, tiveram as principais soluções importadas do direito do trabalho.

Finalmente, é inegável que esta utilização dos institutos do direito laboral se possa expandir para outros domínios da função pública, falando-se hoje, por exemplo em Portugal, na equiparação da idade da reforma nos sectores público e privado, bem como na utilização de instrumentos de avaliação do desempenho do pessoal da AP, próprios do direito privado.

CAPÍTULO IV
Privatização/Laboralização do Emprego Público: Perspectivas e Desafios para Moçambique

> **Razão de sequência**: **4.1.** Problematização. **4.2.** A rejeição da opção da laboralização do emprego público pela unificação entre o direito do trabalho e o direito da função pública. **4.3.** A privatização da relação de emprego público pela utilização de instrumentos jurídico-privados. **4.4.** A laboralização do emprego jurídico pela infuência mútua entre o regime da função pública e o regime laboral. **4.5.** As implicações do novo regime dos trabalhadores da AP na estrutura e natureza do Estado de direito social.

4.1. Problematização

A laboralização do emprego público parece assumir uma tendência incontornável. Conforme escreve Maria do Rosário PALMA RAMALHO, "de qualquer forma, esta intersecção de regimes parece hoje irresistível e, por isso, a ciência jurídica terá, mais tarde ou mais cedo, que proceder a uma redução dogmática"[315].

A questão que se coloca nesta fase já não é de saber se o emprego público pode ou não ser privatizado, pois esta privatização e laboralização constituem factos assentes. O que importa é a visão do futuro, tendo em conta esses movimentos de laboralização do emprego público.

A concepção orgânica da AP, que inclui os agentes no conjunto dos meios que a Administração organiza para a prossecução do interesse

---

[315] PALMA RAMALHO, Maria do Rosário. *Intersecção entre o regime da função pública e o regime laboral*, cit., pg. 451.

público, favorece a ideia de incorporação do emprego público na organização interna do Estado. Esta forma de encarar a AP tem várias consequências, nomeadamente o facto de os funcionários e agentes do Estado serem, em nome da colectividade, detentores de prerrogativas de poder público que exercem perante os Administrados. Neste sentido, os agentes agem em nome e por conta da AP, pois esta manifesta a sua vontade através dos seus órgãos e agentes. Porém, num outro plano, os próprios agentes e funcionários são, enquanto administrados, vítimas destas prerrogativas de poder público do Estado, no sentido de que, onde o interesse público o exigir, o Estado pode agir sobre eles como um verdadeiro poder.

Mas, o discurso laboralizador do emprego público pretende atenuar os poderes exorbitantes da AP perante os seus funcionários. A relação de emprego, pela laboralização, deixa de ser uma relação de poder, colocando um funcionário público perante uma posição subjectiva face ao Estado.

A redução dogmática desta laboralização do emprego público vai impor a necessária conciliação entre os princípios do direito privado e do direito público[316]. Mas, antes disso importa antecipar as implicações que esta laboralização traz ao quadro tradicional do funcionamento da AP. Uma concepção temerária deste progresso revisitaria os velhos argumentos da teoria clássica que justifica, em parte, as limitações dos direitos dos funcionários com fundamento no facto de que a equiparação do emprego público ao emprego privado enfraqueceria os poderes públicos.

Cabe agora, por isso, em jeito de perspectivas e desafios, sobre os «caminhos da laboralização do emprego público», aprofundar algumas das conclusões parcelares que foram sendo extraídas em cada um dos capítulos, tendo em vista os processos de reforma da LT e do EGFE em Moçambique.

O fenómeno da laboralização do emprego público, produto de diversos factores[317], constitui uma perspectiva de evolução de regimes jurídicos como o moçambicano, em constante processo de adaptação para um melhor ajustamento às reais necessidades e capacidades do país. Neste sentido, e como forma de perspectivar e encarar os desafios dessa possível evolução, importa agora, para finalizar a investigação, indagar quais as

---

[316] Cfr. PALMA RAMALHO, Maria do Rosário. *O contrato de trabalho na reforma da Administração Pública*, cit., pg. 125, ponto IV.

[317] Vide a elencação que desses fenómenos faz Maria do Rosário PALMA RAMALHO. *O contrato de Trabalho na Reforma da Administração Pública*, cit., pg. 122.

melhores opções para Moçambique neste fenómeno da privatização do emprego público.

A indagação segue, em termos metodológicos, aos vários processos por que, em direito comparado, opera a laboralização do emprego público, designadamente a laboralização mediante a unificação do regime laboral e o regime da função pública (**4.2**), como fez o legislador sul-africano. Mas também, as opções da utilização do contrato individual de trabalho para a constituição de relações de trabalho dentro do sector público, portanto, o recurso aos instrumentos de direito privado para a realização da actividade administrativa é uma das vias de laboralização da Administração Pública (**4.3**) e da laboralização do emprego público pela influência mútua entre o regime laboral comum e o regime da função pública (**4.4**) são hipóteses a ter em consideração.

4.2. A rejeição da opção da laboralização do emprego público pela unificação entre o direito do trabalho e o direito da função pública

Ante à reivindicada possibilidade de unificação entre os dois regimes, cumpre colocar uma questão prévia. Poder-se-á falar, no âmbito da chamada privatização da Administração Pública[318], da unificação entre o Direito Administrativo e o Direito Privado? Na verdade, falar da unificação do regime laboral e o regime da função pública é, em termos práticos, pretender unificar os ramos de direito donde estes regimes provêem. Usando a alocução de ANA FERNANDA NEVES, "a privatização ou

---

[318] Sobre o tema privatização da Administração Pública vide: OTERO, Paulo. *Coordenadas Jurídicas da Privatização da Administração Pública*. Boletim da Faculdade de Direito, Stvdia Ivridica. *Colóquio Luso-Espanhol*, cit., pgs. 31 e ss. Existem, no entender do autor, seis principais conceitos jurídicos de privatização da Administração Pública, designadamente:
  a) Privatização da regulação administrativa da sociedade;
  b) Privatização do direito regulador da Administração;
  c) Privatização das formas de organizativas da Administração;
  d) Privatização da gestão ou exploração de tarefas administrativas;
  e) Privatização do acesso a uma actividade económica;
  f) Privatização do capital social de entidades empresariais;

a laboralização das relações de trabalho anda associada à redefinição da vocação e fronteiras orgânicas da Administração Pública"[319].

As diversas formas de privatização aceites pela doutrina excluem a unificação do Direito Administrativo e do Direito Privado. Tanto mais que o sentido da expressão «privatização da Administração Pública[320]», onde se insere a temática da laboralização do emprego público, tem que ver somente com o "fenómeno referente à natureza do direito aplicável pelas entidades públicas, traduzindo a subordinação da sua actividade ou das respectivas relações laborais ao Direito Privado"[321].

Por isso, dentro do debate da privatização da actividade jurídica da administração não se fala ainda do tema da unificação, donde resulta ser metodologicamente incorrecto falar da unificação do regime laboral e do regime da função pública. Aliás, as lógicas que animam os dois ramos de direito são diferentes[322]. Na função pública a lógica da administração, enquanto entidade empregadora, é a prossecução do interesse público; no direito privado (do trabalho) o fim a que se destina a relação é particular.

O estudo da privatização do emprego público, num sistema administrativo do tipo francês, impõe que essa laboralização seja feita no seio do próprio Direito Administrativo. Afinal, o emprego público que se privatiza ou laboraliza é regulado pelo Direito Administrativo.

Portanto, a lógica da privatização ou laboralização do emprego público exclui a possibilidade de unificação do regime laboral e o regime da função pública. Mesmo nos casos em que a doutrina parece inclinar--se para a utilização da expressão «unificação», parece que o seu significado corresponderá ao sentido de «uniformização das condições de trabalho», e não propriamente de uma verdadeira unificação de regimes.

Por exemplo, as Reformas no Regime Jurídico da Função Pública em curso em Portugal visam fundamentalmente a equiparação de determina-

---

[319] FERNANDA NEVES, Ana. *Os caminhos da privatização da administração pública. A privatização das Relações de trabalho na Administração Pública.* IV Colóquio Luso--Espanhol de Direito Administrativo, cit., pg. 178.

[320] Vide, por todos Vários Autores. *Caminhos da privatização da administração pública. IV Colóquio Luso Espanhol de direito administrativo. Boletim da Faculdade de direito da Universidade de Coimbra. Estvda Jviridica.* Coimbra Editora. Coimbra, 2001.

[321] OTERO, Paulo. *Os caminhos da privatização da administração pública. Coordendas jurídicas da privatização da administração,* pg. 38.

[322] PALMA RAMALHO, Maria do Rosário. *Intersecção do regime da função pública e o regime laboral,* cit., pg. 439.

das situações, nomeadamente a idade da reforma[323]. Di-lo também ALAIN PLANTEY, ao afirmar que "*en France comme dans de nombreux pays, se manifeste une tendance général à l'uniformisation des conditions de travail dans le salariat*"[324]. Portanto, a uniformização não se confunde com a unificação, pois uma coisa é tornar a função pública sujeita ao mesmo direito das relações de trabalho no sector privado e outra é uniformizar alguns aspectos das mesmas relações.

É válida a afirmação de Maria do Rosário PALMA RAMALHO quando diz que hoje em dia o regime laboral e o regime da função pública debatem-se com os mesmos problemas. Por isso, as soluções encontradas num ou outro ramo do direito podem ser aplicadas noutro, mas sem que isso signifique unificação; será sempre a "uniformização das soluções". Por outro lado, o frequente recurso às formulas do direito laboral para a função pública justifica-se pela necessidade de corrigir algumas restrições injustas que são impostas aos funcionários, como o são os casos dos direitos colectivos. Essa correcção consistiu na extensão dos direitos colectivos tradicionalmente reservados ao sector privado para o sector público[325].

Poder-se-ia questionar, por exemplo, se a unificação de regimes conseguida pelo direito sul-africano não seria um argumento contrário a esta posição de que o regime laboral e o regime da função pública não se podem unificar. Há que apontar-se para o facto de que essa provável unificação deve ter sustento nas bases do sistema jurídico onde ela ocorre.

Sabe-se que o sistema sul-africano não deixa de ser uma variante do *sistema da common law* onde a propensão pela garantia do princípio da igualdade determinou a submissão da Administração Pública ao mesmo direito dos particulares[326]. As próprias bases do sistema que sustentam

---

[323] Nas Jornadas Parlamentares do Partido Socialista o Primeiro Ministro Português, Eng. José Sócratres, perguntava aos participantes se haveria alguém que contestaria a justeza da uniformização da idade da reforma na função pública e no sector privado. Sobre as considerações acerca do justo e o injusto vide BARBAS HOMEM, António Pedro. *O justo e o injusto*. AAFDL, Lisboa, 2001.

[324] PLANTEY, Alain. *Réformes dans la Fonction Publique. Complement el mise a jour du traite pratique de la function publique*. L.G.D.J., pg. 21.

[325] Foi este o caminho seguido pelo regime sul-africano, antes da unificação dos regimes. Vide BASSON, Christianson/GARBERS, Le Roux/MISCHKE, Strydom. *Essential Labour Law*, ob. cit., pg. 98.

[326] Cfr. CAETANO, Marcello. *Manual de Direito Administrativo*. Vol. I, cit., pgs. 11 a 24.

a referida unificação inspiram-se nessa submissão da Administração ao direito comum, com a consequente ausência de um verdadeiro direito administrativo[327].

Há quem prefira dizer mesmo que "*pero los princípios jurídicos por que se rige el funcionário britânico siguem siendo los tradicionales que, de tomarlos al pie de la letra, impediriam hablar de la existência de un régimen de función pública...*"[328], pois o que existe é o direito comum a todos os ingleses. O que acontece, nos sistemas administrativos do tipo britânico, é que as regras específicas aplicáveis às instituições públicas são consideradas "*comme des dérogations à un droit comum applicable en principe à l'État comme au particuliers; c'est en ce sens qu'il y a unité de droit come y a unité de jurisdicion*"[329].

Nos sistemas administrativos do tipo executivo, como o moçambicano e o português, a laboralização das relações de trabalho enquadra-se na própria autonomia dogmática do Direito Administrativo, onde elas se circunscrevem. Falar de unificação é pôr em causa os princípios, regras e soluções próprias que o Direito Administrativo tem para as situações jurídicas que se levantam no seu seio. Basta olhar para a origem do Direito Administrativo para concluir pela impossibilidade de unificação do Direito Privado e do Direito Administrativo.

Essa unificação é, por isso, impossível se for pensada em termos de fusão pura e simples do Direito do Trabalho com o Direito da Função Pública. Com efeito, tornou-se evidente que a inserção das relações de emprego público no Direito Público, com a sua consequente exclusão do direito do trabalho, resultado da tradicional divisão francesa entre direito público e direito privado[330], determina uma metodologia própria a quem pretende investigar o tema da laboralização do emprego público (ela remete e impõe o direito da função pública para o Direito Administrativo)[331].

---

[327] Cfr. GRAIG, P. P. *Administrative Law*. 3rd edition.

[328] PARADA, Ramón, *Derecho Administrativo II. Organización y empleo público*. 15.ª edición. MARCIAL PONS. Barcelona, 2002, pg. 407.

[329] LAUBADÈRE, André de/VENEZA, Jean-Claude e GAUDMET, Yves. *Traité de Droit Administratif*, cit., pg. 28.

[330] SAINT-JOURS, Yves. *Manuel de Droit du Travail dans le Secteur Public. Fonction publique. Fonction Territoriate. Entreprises Publique.* L.G.D.J., Paris, 1986, 2ème Édition, pg. VII.

[331] LIBERAL FERNANDES, Francisco. *Autonomia dos trabalhadores da Administração*, cit., pg. 11.

Neste sentido, a laboralização do emprego público, ou em geral o fenómeno de osmose entre o direito da função pública e o direito do trabalho, não pode ser estudado fora do contexto «da fuga para o direito privado» pela Administração Pública, sob pena de se perderem de vista aspectos importantes que devem limitar tal processo[332-333].

Portanto, o fundamento doutrinário da rejeição da unificação do regime laboral comum e o regime da função pública assenta no tipo de sistema administrativo em que Moçambique estrutura a AP. Este sistema administrativo, regulado por um ramo do direito público nascido da necessidade sentida pelos tribunais administrativos de encontrar soluções diferentes das do direito privado para os problemas surgidos na actividade administrativa, sobretudo nas relações entre a Administração e os Particulares, não deixa outra opção para a laboralização do emprego público se não a laboralização pelo mecanismo de harmonização. Anicet LE PORS afirma que "*l'harmonisation m'apparait comme un concept mou, et l'unificationn plutôt totalitaire*"[334]. Os novos dados não permitem concluir pela existência de uma unificação entre o contrato de trabalho e o emprego público, mas apenas salientar que há uma efectiva evolução no sentido de uniformização do direito aplicável ao trabalho subordinado[335] (...); continuam a subsistir diferenças entre os dois regimes, a que não é alheio o princípio da submissão do trabalho público à realização do interesse público[336].

---

[332] Sobre os limites à privatização da Administração vide OTERO, Paulo. *Caminhos para a privatização da Administração. Coordenadas Jurídicas da Privatização da Administração*, cit., pgs. 52 e ss..

[333] Neste movimento de laboralização da Administração Pública, "é fundamental fazer-se o preciso diagnóstico das disfunções e procurar soluções esclarecidas por estudos da Ciência da Administração". FERNANDA NEVES, Ana. *Caminhos da Privatização da Administração Pública. Privatização das Relações de Emprego na Administração*, cit., pg. 192.

[334] LE PORS, Anicet. *L'évolution des functions publiques. Harmonisation ou Unification?* Colloque International, 25, 26, 27 octobre 2000. BRUYLANT, Bruxelle, pg. 91.

[335] No mesmo sentido, vide LOBO XAVIER, Bernardo da Gama. *Curso de Direito do Trabalho*, cit., pg. 317.

[336] LIBERAL FERNANDES, Francisco. *Autonomia Colectiva dos Trabalhadores da Administração Pública*, cit., pg. 112.

4.3. A privatização da relação de emprego público pela utilização de instrumentos jurídico-privados

A utilização do contrato individual do trabalho no seio da Administração Pública é uma das formas por que se processa o movimento da privatização/laboralização do emprego público. É, como se disse mais atrás, a forma pragmática e comum deste processo de laboralização.

Mas, sobre a utilização do contrato individual de trabalho na Administração pública moçambicana algumas reflexões mostram-se necessárias. No direito português tal reflexão foi feita no seio da tradicional divisão entre Administração Estadual Directa (a) e Administração Estadual Indirecta (b). A questão que se coloca é se bastará esta divisão ou se é possível complementá-la através de outros conceitos do direito administrativo.

a) *A utilização do contrato individual de trabalho na administração estadual directa*

No seio da administração estadual directa, o legislador português distingue o exercício de funções administrativas que impliquem o exercício de poderes de autoridade (**a.1**) das actividades de prestação de serviço em sentido amplo (**a.2**).

a.1) *Actividades que impliquem poderes de autoridade*

Estas são actividades que, no exercício das prerrogativas de poder público[337], definem situações subjectivas de terceiros, bem como actividades que impliquem o exercício de poderes de soberania. Estas funções estão vedadas à contratação laboral[338].

---

[337] Diz-se que na Alemanha esta divisão foi alvo de muitas críticas, pois entendia-se que a definição de funcionário com recurso ao recorte das funções que desempenha «*el ejercicio de prerrogativas de poder público a título de función permanente*» constituía, por um lado, um modelo arcaico e, por outro, de difícil aplicação prática. *In* PARADA, Ramón. *Derecho Administrativo* II, cit., pg. 414.

[338] PALMA RAMALHO, Maria do Rosário. *O contrato de Trabalho na Reforma da Administração Pública*, cit., pg. 129.

Esta divisão, apesar de válida, parece demasiado ampla, pois deixa de fora uma outra subdivisão que se pode e deve fazer através do critério da categoria jurídica dos trabalhadores da Administração. Com efeito, em direito administrativo tem especial relevância a qualificação de agentes administrativos e agentes da administração[339]. Na evolução do conceito de Agente Administrativo em Portugal constatam-se duas fases, a primeira de um conceito amplo de agente administrativo defendida pelo Prof. MARCELLO CAETANO. Tal categoria jurídica dependia do facto do vínculo jurídico-laboral ser estabelecido por uma pessoa colectiva do direito público. A segunda fase da evolução do conceito verifica-se também a partir de novos critérios propostos pelo próprio MARCELLO CAETANO e perfilhado por autores recentes[340]. MARCELLO CAETANO restringiu o conceito de Agente Administrativo apenas àqueles que, no seio da Administração Pública, participam de forma directa e imediata na prossecução do interesse público e, por isso, objecto do dever de fidelidade e de lealdade para com a pátria[341].

Na equação do regime jurídico do contrato de trabalho na Administração Pública tudo aponta para a indispensabilidade da utilização do conceito de Agente Administrativo e de Agente de Administração. Na verdade, todos os que no seio da administração pública praticam actos administrativos externos são necessariamente agentes administrativos. É esta categoria de agentes que o recorte do regime português coloca na chamada *reserva da função pública*[342]. Esta reserva está, sobretudo, virada para os funcionários públicos, no sentido de que as funções de soberania ou de autoridade não podem ser objecto de contratação laboral, devendo ser somente exercidas pelos funcionários públicos[343].

Todavia, este recorte não é de fácil aplicação no direito moçambicano, na medida em que o ordenamento jurídico nacional não fornece critérios seguros de separação entre o agente administrativo e funcionário público;

---

[339] Vide supra sobre os sujeitos da relação jurídico-privada de emprego público.
[340] VEIGA E MOURA, Paulo. *Regime Jurídico da Função pública*, cit., pgs. 23 e ss.
[341] CAETANO, Marcello. *Princípios Fundamentais do Direito Administrativo*, cit., pgs. 285 e ss.
[342] PALMA RAMALHO, Maria do Rosário. *O contrato de trabalho na Administração*, cit., pg. 128.
[343] É certo que neste critério está implícita a divisão entre agentes administrativos e agentes não administrativos.

ela não abrange a globalidade da actividade administrativa na medida em que esta pode ser uma actividade material ou actividade jurídica. Claro que a actividade administrativa que define situações jurídicas dos particulares é uma actividade jurídica. Mas, do ponto de vista material, muitas são as actividades administrativas que participam de uma forma directa e imediata para a satisfação das necessidades colectivas que merecem o mesmo tratamento das que o legislador dispensou à actividades jurídica. São as chamadas operações materiais da administração sobre que se debruça Carla AMADO GOMES no sentido do seu protagonismo na actividade administrativa moderna[344]. Ainda que no direito português esta divisão não esteja muito patente na Lei n.º 23/2004, de 22 de Junho, ela está mais evidente no Decreto n.º 427/89, a propósito do critério legal de diferenciação entre os funcionários e agentes administrativos.

No direito moçambicano, por exemplo, a Reforma Administrativa determinou a eliminação da possibilidade de ingresso na actividade docente por via contratual. Todavia, como já foi atrás mencionado, a realidade veio impor a necessidade do recurso à contratação do pessoal docente eventual para o ensino primário e secundário. A actividade docente, bem como a actividade da saúde contribuem duma forma directa e imediata para a satisfação de necessidades colectivas, e, se não se pode dizer que elas são actividades essencialmente jurídicas da administração, o mais certo é que elas sejam qualificadas como actividades que participam, segundo o direito português, «na execução da missão de serviço da AP». Elas são actividades não jurídicas, por isso mais propensas à sua qualificação como actividades materiais da AP. Os trabalhadores que prestam tais actividades são verdadeiros *agents publics* (em França) ou Agentes administrativos (em Portugal)

A complementar o critério da actividades de autoridade, por contraposição às actividades de simples execução[345], seria oportuno que a Reforma Administrativa em Moçambique pudesse recorrer à velha distinção entre o contrato de trabalho público[346] (i) e contrato de trabalho privado (ii).

---

[344] AMADO GOMES, Carla. *Contributo para o Estudo das Operações Materiais da Administração Pública e do seu Controlo Jurisdicional*. Coimbra Editora, Abril de 1999.

[345] SAINT-JOURS, Yves. *Manuel de Droit du travail dans le secteur public*, cit., pg. 75.

[346] No direito português a noção de contrato de trabalho público parece coincidir com a de contrato administrativo de provimento. Com efeito, de acordo com o Decreto-Lei

i) Contrato de trabalho público (contrato administrativo de provimento)

Segundo a jurisprudência do Conselho do Estado francês um contrato de trabalho tem natureza do direito público quando reúne duas condições fundamentais:

i. Critério orgânico: quando o referido contrato é celebrado por uma pessoa colectiva de direito público: neste sentido, as pessoas colectivas de direito privado não estariam habilitadas a celebrar contratos de natureza pública, mesmo os concessionários do serviço público;

ii. Critério material: quando, para além do critério orgânico, o contrato de trabalho faz participar o agente contratado na execução de um serviço público administrativo, donde resultará que o referido contrato contemple cláusulas exorbitantes do direito comum.

Na doutrina portuguesa, LOBO XAVIER emprega uma terminologia próxima da do Conselho do Estado francês, chamando a este contrato de contrato administrativo de trabalho[347].

No direito moçambicano, a aplicação da noção do contrato de trabalho público seria proveitosamente aplicada em face da nova redacção do artigo 34 do EFGE, na medida em que esta disposição determina que as tarefas e funções previstas nos qualificadores profissionais do Aparelho do Estado não podem ser objecto de contratação (fora do quadro). Logo, perante circunstâncias excepcionais, quais sejam as de contratação do pessoal docente e da saúde, as referidas funções nunca poderiam ser objecto de um contrato de trabalho submetido ao direito privado, uma vez que são actividades que participam de uma forma directa e imediata na satisfação das necessidades colectivas.

Em direito comparado, p. ex., no direito francês podem ser objecto de contrato individual de trabalho « *les agents contratuels engagés pour des tâches qui ne sont que l'accessoire, l'annexe de la mission de service public; c'est-à-dire pratiquement le petit personnel d'execution: ouvriers, collaborateurs occasionnels payés à l'heure ou à la journée*»[348]. No

---

n.º 427/89, de 7 de Dezembro, os contratos administrativos de provimento conferem a qualidade de agente administrativo uma vez que o agente exerce funções próprias de serviço público.

[347] LOBO XAVIER, Bernardo da Gama. *Curso de Direito do Trabalho*, cit., pg. 304.
[348] SAINT-JOURS, Yves. *Manuel de droit de travail dans le secteur publique*, cit., pg. 30.

Direito português esta divisão é conseguida pelas noções de funcionário público e de agente administrativo constante do DL 427/89, de 7 de Dezembro. Em ambos os casos a lei portuguesa entende que tanto os funcionários como os agentes administrativos participam na missão de serviço.

Pelo que, para o exercício de funções que participam na execução da missão de serviço, impõe-se o contrato administrativo de provimento[349], o tal contrato de trabalho público.

Mas, para que a introdução da categorização entre contrato de trabalho público e privado tenha os resultados pretendidos com a privatização do emprego público, impõe-se a revisão do próprio qualificador profissional do Aparelho do Estado moçambicano. Na verdade, muitas das funções definidas nos qualificadores profissionais do Aparelho do Estado nada têm que ver, por um lado, com o exercício de autoridade ou de funções de soberania e, por outro, a sua execução em nada interfere de modo directo e imediato para a prossecução do interesse público. Bem vistas as coisas, a maior parte de tais tarefas é de natureza acessória àquelas outras de exercício de autoridade.

A revisão do qualificador profissional no Aparelho do Estado e a combinação dos critérios de exercício de autoridade *versus* exercício de actividades que participam de forma directa na satisfação do interesse público traria benefícios a longo prazo. Seria a longo prazo porque, de nenhum modo tal revisão deve pôr em causa os funcionários do Estado cujas funções, por força da revisão, passariam para o regime de contrato individual de trabalho de direito privado. Os resultados pretendidos dependeriam da abertura de vagas dos lugares ocupados pelos ex-funcionários cujo preenchimento se faria pelo recurso ao contrato individual de trabalho.

Por isso, impõe-se no direito moçambicano:

a) A repristinação do contrato administrativo de provimento, revogado pelo Decreto n.º 65/98, de 3 de Dezembro, pois isso permitiria que funções que participam na execução da «missão de serviço» ou que implicam a prática de actos de autoridade pudessem ser objecto de contrato de trabalho público. Aquela revogação foi precoce, tal como a realidade se encarregou de demonstrar em matéria de actividade docente

---

[349] FERNANDA NEVES, Ana. *Relação de Emprego Público,* cit., pg. 203.

b) A redefinição do qualificador profissional do Aparelho do Estado de modo a deixar para a chamada *reserva da função pública* as tarefas que, por um lado, correspondem ao exercício de poderes de autoridade ou de poderes de soberania e, por outro, participam na execução das funções próprias do serviço público.

ii) Contrato de trabalho privado

Na utilização do contrato individual de trabalho, de direito privado, a opção correcta é a que foi usada pelo legislador português. Correcta porque ela respeita as especificidades da Administração Pública, não se tratou de uma simples remissão para o regime do direito privado. Tratou-se, sim, de uma adaptação deste regime às especificidades da própria administração. É ainda correcta porque apenas reservou para o contrato individual de trabalho actividades de natureza instrumental à missão de serviço acometido à administração Pública.

Parece que deveria ser este o caminho a empreender pela Administração Pública moçambicana, sobretudo para reduzir o peso económico da função pública no Orçamento Geral do Estado. Tal implicaria, como já atrás foi mencionado, um processo de requalificação do qualificador profissional no Aparelho do Estado de modo a permitir que a maior parte das tarefas de natureza instrumental ao serviço público possam ser objecto de contratação nos termos laborais. O Artigo 34 do EGFE já deu um passo, ao permitir a celebração de contratos individuais de trabalho para o exercício de tarefas não previstas no qualificador profissional do Aparelho do Estado. Em termos práticos, e porque a vastidão das tarefas previstas no qualificador profissional não deixa muito campo de manobras, a permissão do artigo 34 é letra morta.

Outro aspecto positivo que se deve retirar do sistema português é a sujeição da utilização do contrato de trabalho na Administração Pública a um regime próprio, de adaptação, como lhe chama a doutrina. Com ou sem defeitos, a verdade é que a utilização de instrumentos jurídico-privados pela Administração Pública deve ser objecto de regulamentação, de modo a dar «coloração pública a tais instrumentos». Por outro lado, é que a utilização destes instrumentos privados pela Administração Pública impõe transformações ao próprio Direito Administrativo[350], o que determina que

---

[350] Vide por todos, GARCIA, Maria da Glória. *Caminhos para a privatização da Administração. As transformações do Direito Administrativo na utilização do Direito Pri-*

tais transformações sejam feitas à luz de uma política deliberada e conscientemente posta em prática.

O regime moçambicano limita-se a referir que a contratação fora do quadro obedece a um regime próprio. Esta referência é uma porta aberta para a regulamentação, tanto do contrato administrativo de provimento (contrato de trabalho público) como, e sobretudo, da utilização do contrato de trabalho pela Administração Pública. A própria LT faz já um aceno a esta regulamentação ao determinar que o regime comum do direito de trabalho pode ser aplicado nas Empresas Públicas sem prejuízo das derrogações que possam advir de regimes específicos. Mas, passados dezoito anos sobre a aprovação do EGFE e sete anos sobre a entrada em vigor da LT, está ainda por se criar o regime próprio da utilização dos contratos de trabalho na Administração.

Seria de todo desejável que o direito moçambicano:

a) Criasse, à semelhança do direito português, um verdadeiro regime da utilização do contrato individual de trabalho pela Administração Pública directa. Esse regime deve ser criado pelo órgão legislativo, na medida em que vai tocar com direitos fundamentais dos cidadãos.

b) Que a lei consagre de modo expresso, como o faz em relação às empresas públicas, a permissão legal de celebração de contratos individuais de trabalho (artigo 2, n.º 2). Na revisão da LT o caminho mais pragmático é o seguido pelo artigo 6 do diploma que aprova o CT português, que determina que as suas regras podem ser adaptadas para as Pessoas Colectivas Públicas. Seria, por assim dizer, estender ainda mais o campo de aplicação da LT às demais PCP's ao em vez de limitar tal aplicabilidade somente às empresas públicas. Haveria muitos benefícios do alargamento do campo de aplicação da LT aos Institutos Públicos, pois o que sucede até aqui é que o pessoal ao serviço dos Institutos públicos é regido pelo regime do EGFE.

c) Deve ter-se em conta que as PCP's de fim singular, constituindo a chamada administração estadual indirecta, desempenham por devolução de poderes um fim do próprio Estado[351]. Uma das for-

---

vado pela Administração pública – Reflexões sobre o lugar do Direito no Estado, cit., pgs. 345 e ss.

[351] Por isso que elas são objecto de tutela administrativa para garantir que não se desviem os fins para os quais foram concebidos

mas de garantir o controlo do Estado sobre estas pessoas seria, com o recurso ao critério do exercício de poderes de autoridade, impedir que os órgãos dirigentes destes entes públicos pudessem ser contratados através de um contrato individual de trabalho. Parece ser útil e viável que o pessoal dirigente esteja na dependência hierárquica dos órgãos do Estado, mediante a sua integração no regime da função Pública[352]. No direito moçambicano esta solução não é nova, pois já era aplicada em relação ao pessoal dirigente das Empresas Estatais.

d) É de concordar, nesta matéria, com as principais soluções do regime português, designadamente a opção pela criação de um regime jurídico próprio da utilização do contrato individual de trabalho; mediante a adaptação das normas do CT para a sua aplicação na Administração Pública, adaptação essa que a doutrina agrupa em vários níveis de incontestável utilidade.

e) Mas antes da desejável adaptação das normas laborais é importante que, a nível político, sejam tomadas medidas de reorientação do regime da função pública. Com efeito, à afirmação de que os efeitos perversos resultantes das orientações restritivas dos regimes da função pública poderiam ser contornados pelo recurso ao contrato de trabalho[353], pode contrapor-se o argumento de que esse recurso à contratação privada se coloca no limiar da fraude à lei[354]. Na verdade, se por razões fundadas, a lei impõe restrições na função pública (em sentido lato), parece que, em termos formais, o recurso ao regime laboral com o fito de contornar tais restrições constitui uma fuga à lei com recurso à própria lei. Por isso mesmo, o legislador precisa é de repensar as actuais orientações por que tem estado a alinhar o regime da função pública sob pena de, com os regimes de adapta-

---

[352] Cfr. FERNANDA NEVES, Ana. *Privatização das relações de trabalho na Administração Pública,* cit., pg. 184.

[353] Cfr. PALMA RAMALHO, Maria do Rosário. *O Contrato de trabalho na Reforma da Administração Pública,* cit., pg. 121.

[354] Parece ir no mesmo sentido Ana FERNANDA NEVES, quando afirma que "cega é também a invocação do princípio da igualdade com os trabalhadores do sector privado, conquanto posterga a *igualdade interna,* entre os próprios trabalhadores da Administração Pública (para uns o ingresso depende de concurso; para outros, o ingresso opera-se pela violação deliberada da lei). *In Privatização das Relações de Trabalho na Administração Pública,* cit., pg. 167, nota de roda pé (6).

ção das leis laborais na função pública, fingir-se que se está a resolver o real problema de que padece o regime público[355].

f) Nesse repensar das linhas de orientação do regime da função pública moçambicana, um caminho possível seria o da uniformização de muitos aspectos laborais da função pública com os do regime do direito privado, que regulam relações da trabalho na Administração. Ela mostra-se indispensável para responder a numerosas questões, bem como para uma maior coerência do aparelho administrativo[356].

   i. A necessidade de harmonização dos requisitos de acesso à função pública com os do direito privado, pois não faz sentido que, se pela porta do regime público, o indivíduo não consiga entrar para a função pública o venha conseguir fazer pela via do contrato individual de trabalho. Nos actuais moldes do regime jurídico moçambicano isso é possível, sendo disso exemplo o caso da contratação de professores feita ao abrigo do direito privado, segundo entendimento do TA.
   ii. Outra matéria que merece uniformização, tem que ver com o regime de segurança social, podendo até propor-se a própria unificação dos sistemas de previdência social do Estado e o do sector privado. A autonomia administrativa e financeira de que goza o sistema de segurança social no sector privado, claro com melhorias de sistemas de gestão, poderia ser útil para diminuir o peso do Estado em matéria de previdência social, tanto em termos de recursos humanos como recursos financeiros.

Neste sentido, pode dizer-se que o sistema de previdência social dos funcionários públicos é uma das áreas da relação de emprego público susceptível de laboralização. ROBERT PALACIOS, ao analisar as principais tendências dos sistemas de administração da segurança social, chega à con-

---

[355] É expressiva a alocução de que o problema das relações de trabalho na Administração prende-se, porém, de forma mais imediata com as disfunções que as caracterizam, donde se podem destacar a inexistência de uma responsabilidade dos dirigentes administrativos pela gestão ou pelos resultados, deficiente gestão dos recursos humanos da administração. Vide Ana FERNANDA NEVES, *Privatização das relações de trabalho na Administração Pública,* cit., pg. 170.

[356] LE PORS, Anicet. *Harmonisation ou unification?,* cit., pg. 100.

clusão de que se nota uma forte tendência de *"una preocupación en muchos países sobre los pasivos de sus sistemas (...) Esta preocupación se ha manifestado de diversas maneras en distintos países, pero con el rasgo común de que es cada vez mayor la presión para la acumulación de activos destinados al pago de las pensiones futuras, es decir, una tendencia hacia la capitalización"* [357].

Não faz, pois, sentido que um país de parcos recursos não acompanhe as novas tendências de gestão dos sistemas de previdência social, alguns dos quais, como os casos de Canadá e Irlanda, chegaram à opção da privatização da gestão dos fundos de pensões[358].

a.2) *Actividades que não implicam poderes de autoridade*

Estas são as que presentemente se encontram previstas no artigo 34 do EGFE, designadamente o contrato de trabalho celebrado pelo Estado no âmbito da Administração directa, que foi objecto de tratamento no Capítulo II, ponto 2.2.

b) ***A utilização do contrato de trabalho na Administração estadual indirecta***

Diz-se Administração estadual indirecta, em sentido material a actividade administrativa do Estado realizada para a prossecução dos fins deste, por entidades públicas dotadas de personalidade jurídica própria e de autonomia administrativa e financeira[359]. Dentro desta Administração estadual indirecta avulta a divisão entre administração institucional e administração empresarial[360].

---

[357] PALACIOS, ROBERT. *Regulación de los sistemas de pensiones de capitalización individual: visiones de los sectores públicos y privado Desafios de los nuevos sistemas de pensiones*. Oficina Internacional de Trabajo. Seminário, Lima-Perú, Deciembre 2002, pg. 23.

[358] PALACTIOS, Robert. *Regulación de los sistemas de pensiones de capitalizacion individual*, cit., pg. 23.

[359] FREITAS DO AMARAL, Diogo. *Curso de Direito Administrativo*, cit., pg. 332.

[360] Cfr. MARTIN MATEO, Ramón. *Manual de Derecho Administrativo*. Trivium Editorial, Madrid, 1989, 12.ª edição, pgs. 269 e ss.

A tradição da sujeição das empresas públicas ao princípio de gestão privada favorece, como já acontece no direito moçambicano, a utilização do contrato de trabalho para o pessoal ao serviço destas. O que há a dizer é apenas que o regime das empresas públicas deve ser mais explícito em relação às derrogações que, decorrentes do seu controlo público e da sua primacial vocação para a prossecução do interesse público, são impostas ao regime laboral comum. É o caso, por exemplo, do regime das derrogações ao regime comum dos direitos colectivos dos trabalhadores destas entidades públicas.

Em relação aos Institutos Públicos, remete-se para o comentário feito no ponto anterior, favorável à alteração da tendência nacional de se submeter o pessoal destas instituições a um regime público. Não há razões para que, pelo menos, parte do pessoal destes Institutos não possa ser regulado pelo regime do direito privado, sem prejuízo das derrogações que o interesse público pode impor.

4.4. A laboralização do emprego público pela influência mútua entre o regime da função pública e o regime laboral

Esta forma de privatização do emprego público constitui um processo natural de evolução do próprio direito. Mas também não parece que a laboralização do emprego público pela osmose com o direito privado constitua uma realidade distante da utilização, na função pública, de institutos do direito privado, designadamente o direito do trabalho. Este entendimento resulta do facto de, conforme escreve Maria do Rosário PALMA RAMALHO, a tendência de privatização do regime da função pública ter-se acentuado mais, modernamente, mercê da crescente sensibilidade da AP para novas necessidades de diversificação e de gestão dos recursos humanos, para cuja prossecução os mecanismos e instrumentos do direito laboral parecem, à partida, ser mais aptos[361].

Não se poderá dizer, portanto, que nesta influência entre o direito privado e o direito público não existe a intervenção da vontade humana. É por isso que este processo de influência mútua entre o regime laboral

---

[361] PALMA RAMALHO, Maria do Rosário. *Intersecção entre o regime da função pública e o regime laboral,* cit., pg. 444.

e o regime da função pública se deve mover dentro de determinados princípios que resguardem o sempre subjacente interesse público nas relações de emprego público.

Mesmo havendo muito pouco a dizer sobre esta forma de laboralização, importa referir que este processo de influência do direito privado deve mover-se dentro dos limites próprios da privatização da Administração Pública[362]. Os limites da privatização da AP podem ser, segundo PAULO OTERO, gerais e específicos. No que ao tema em apreço diz respeito, interessa falar de «*limites específicos da privatização do emprego público*»[363] que podem ser os seguintes:

a) A imposição constitucional de reserva de que determinadas funções só podem ser exercidas mediante um vínculo jurídico de natureza pública, com a consequente proibição da sua laboralização[364], *bem como a proibição de exercício de parte dessas funções por estrangeiros*[365];

b) Limites decorrentes do interesse público, que impõem a necessidade de publicização da fuga para o direito privado[366].

Quer isto dizer que a referida redução dogmática deverá ter em conta esta reserva constitucional de funções não privatizáveis, bem como a necessidade de harmonização da autonomia privada com o interesse público.

A fuga para o Direito Privado deve ser regulada pelo próprio Direito Público, nomeadamente o Direito Administrativo. Os seus fundamentos e limites devem emanar de normas de direito público, uma vez que as razões que os determinam são de natureza pública. Em todos os casos, a fuga para o direito privado justifica-se pelo interesse público, no sentido de que

---

[362] Cfr. OTERO, Paulo. *Caminhos da privatização da Administração Pública*. <u>Coordenadas Jurídicas da Privatização da Administração Pública</u>, cit., pg. 55.

[363] Estes enquadram-se, na divisão de Paulo OTERO, nos chamados limites específicos da privatização da AP sem natureza económica.

[364] OTERO, Paulo. *Caminhos da Privatização da Administração Pública*. <u>Coordenadas Jurídicas da Privatização da Administração Pública</u>, cit., pg. 56.

[365] Artigo 30 da Constituição da República de Moçambique.

[366] A CRM determina que "a lei regula o estatuto dos funcionários e demais agentes do Estado, as incompatibilidades e as garantias de imparcialidade no exercício dos cargos públicos", sem distinguir entre as relações submetidas ao direito público ou privado. Donde resulta, constitucionalmente, a publicização do emprego privado.

pelos instrumentos do direito privado há maior flexibilidade na prossecução daquele interesse; o princípio da adaptação da AP justifica o recurso ao direito privado, se garantir maior eficácia na prossecução do interesse público.

4.5. As implicações do novo regime dos trabalhadores da AP na estrutura e natureza do Estado de direito social[367]

A avaliação das implicações do novo regime dos trabalhadores da AP na estrutura e natureza do Estado de direito social, impõe um estudo prévio da evolução das concepções do emprego público. Com efeito, se a concepção clássica do emprego público, defensora da natureza estatutária da relação era tributária da natureza hierárquica da relação de serviço, impõe-se aqui e agora, determinar que implicações terá a concepção moderna do emprego público nessa relação hierárquica.

a) *A concepção clássica do emprego público*

O homem, ser social, não pode bastar-se a si próprio, pois a lei da procura e da oferta permite-lhe prover a apenas uma parte das suas necessidades. Isso é assim porque algumas das necessidades sociais não são facilmente enquadráveis no esquema de uma economia de mercado, por serem economicamente pouco atractivas[368]. Outras necessidades

---

[367] A análise destas implicações poderia ser feita através de uma outra metodologia, designadamente através do estudo da evolução do conceito da AP do Estado Liberal para o Estado Social e, até mesmo, como afirma Maria João ESTORNINHO, para o Estado pós-social. A esta forma de estudar o tema, prefere-se a metodologia de estudo dessas implicações através da evolução do conceito do emprego público, desde a concepção clássica que a vê como relação de poder até à concepção, que se pode chamar moderna, que defende que o emprego público constitui uma verdadeira situação jurídica subjectiva do funcionário. Com efeito, a presente dissertação situa-se no quadro das relações de trabalho na AP e não sobre a teoria da organização administrativa.

[368] MARTIN MATEO, Romón. *Manual de Derecho Administrativo*. Trivium Editorial, Madrid, 1999, 12.ª edición, pg. 60.

são tais que, pela sua própria natureza, só podem ser realizadas pela própria colectividade[369].

A própria convivência social cria, portanto, necessidades sociais de carácter colectivo de que depende a normalidade dessa vida em comum[370]. *"Sin embargo, puede hacerse más amable la dimensión administrativa se la referimos al contexto general en que se desarrolla la vida del hombre como ser associativo (...). De aquí que Administración e Derecho Administrativo tengam um énfasis socializador, pretendiendo disciplinar a los indivíduos, estabelecer entre ellos una cierta solidariedade para favorecer los interesses del grupo en cuanto tal"*[371].

É no quadro deste intervencionismo que a AP, desde a sua origem, sobretudo no Estado social[372], se apresenta como uma organização prestadora de serviços públicos com vista à satisfação das necessidades colectivas. Diz-se, deste modo, que, onde uma necessidade colectiva se faz sentir com suficiente intensidade, a AP cria o correspondente serviço público.

---

[369] RIVERO, Jean. *Direito Administrativo*, cit., pg. 14.

[370] CAETANO, Marcello. *Manual de Direito Administrativo*, Vol. I, Almedina, Coimbra, 1991, 10.ª edição, 5.ª reimpressão, Revista e Actualizada pelo Prof. Doutor Diogo Freitas do Amaral, pg. 2.

[371] MARTIN MATEO, Romón. *Manual de Derecho Administrativo*, cit., pg. 13.

[372] Da evolução do Estado liberal ao Estado intervencionista chega-se ao ponto em que a AP não só se limita a gerir o presente, incumbindo-lhe também preparar o futuro. Esta atitude exige instrumentos novos – planos de desenvolvimento, de urbanismo, directivas, etc. *In* RIVERO, Jean. *Direito Administrativo*, cit., pg. 32. O desenvolvimento passa a ser um dos fins prosseguidos pela Administração, transformando-se num verdadeiro direito ao desenvolvimento das comunidades servidas pela AP. No quadro desta planificação do futuro, a AP moçambicana tem, por exemplo, o seu plano estratégico de desenvolvimento sustentável, desenvolvido pelo Ministério de Coordenação e Acção Ambiental. Neste sentido, conforme escreve EDUARDO PAZ FERREIRA, "emerge com clareza a ideia de que os caminhos do desenvolvimento económico passarão cada vez mais pela atenção dada às condições em que são explorados os recursos humanos e pela necessidade de preservar o património comum da humanidade para o transferir às gerações futuras". *In Valores e interesses. Desenvolvimento Económico e Política comunitária de Cooperação*. Almedina, Coimbra, 2004, pg. 100. Nesta perspectiva, o desenvolvimento sustentável transforma-se em interesse público que à AP compete satisfazer. Mas também este desenvolvimento ganha contornos jurídicos e corresponde a um novo desafio para o direito, no sentido de que em que medida o direito tem correspondido a essa exigência ética, através de emanação de normas conformadoras de um direito ao desenvolvimento". *In* PAZ FERREIRA, Eduardo. *Desenvolvimento económico*, cit., pg. 153.

A consequência desta AP social é que o serviço público, contrariamente à empresa privada, pode muito bem funcionar com prejuízo[373].

Conforme escreve Jean RIVERO, uma vez que a Administração tem de satisfazer o interesse geral, não o conseguiria se tivesse de agir em pé de igualdade com os particulares. A administração recebeu, pois, o poder de vencer essas resistências; as suas decisões obrigam, sem que tenha de obter o consentimento dos interessados[374]. A AP deixa de ser somente uma forma típica da actividade do Estado, passando a ser também uma das formas por que se manifesta o poder do Estado. A AP deixa de se caracterizar como função para se afirmar como poder[375].

A função pública, traduzindo uma relação entre o Estado e o particular, foi vista na concepção clássica do emprego público como uma relação especial de poder. É por isso que, na construção dogmática da função pública depara-se com a erupção dos vectores do *ius imperii* da Administração pública que privilegiam uma construção unilateral do vínculo de funcionalismo público que, por inerência, justificou a ausência de liberdade de estipulação do prestador neste último vínculo[376].

A razão do modelo clássico do emprego público ter uma natureza estatutária foi objecto de muitos debates doutrinários. Primeiro, entendia-se que a razão da submissão dos agentes da Administração ao regime do Direito Público residia "na superioridade do interesse público sobre os interesses privados, fundamento da autoridade do Estado. O agente administrativo servia a colectividade e não a um indivíduo ou uma empresa particular. Nesse serviço da colectividade, nessa dedicação à causa pública, ao interesse de todos, estava o motivo das sujeições, das limitações ..."[377].

Por sua vez, a escola francesa justificava a natureza estatutária do regime da função pública a partir da noção do serviço público. Uma vez que o interesse público se rege pelos princípios da continuidade e regularidade do serviço, o agente de administração "estaria sujeito a um esta-

---

[373] RIVERO, Jean. *Direito Administrativo,* cit., pg. 494.
[374] Ibidem, pg. 15.
[375] CAETANO, Marcello. *Manual de Direito Administrativo,* cit., pg. 15.
[376] PALMA RAMALHO, Maria do Rosário. *Intersecção entre o regime da função pública e o regime laboral,* cit., pg. 441.
[377] CAETANO, Marcello. *Princípios fundamentais do Direito Administrativo,* cit., pg. 292.

tuto em que essas exigências encontrassem repercussão e garantias de eficácia"[378].

Ao analisar os pressupostos da concepção autoritária da relação de emprego público, LIBERAL FERNANDES identifica vários aspectos de suma importância para o entendimento da evolução desta concepção clássica. Desde logo, destaca-se o facto de a relação de emprego público ter um carácter interno e organizatório da relação de serviços. Faz parte da tradição do Direito Administrativo definir a AP em sentido orgânico como "um conjunto de órgãos pelo qual se conduzem e executam tarefas públicas"[379], o que explica que a AP possa ser definida como "o sistema de órgãos, serviços e agentes do Estado, bem como das demais pessoas colectivas públicas, que asseguram em nome da colectividade a satisfação regular e contínua das necessidades colectivas de segurança, cultura e bem-estar"[380]. Por isso, por um lado, o agente ao serviço do Estado se conferia a qualidade de membro de um organismo através do qual é exercida a autoridade pública e, por outro, como um órgão da Administração. Por isso que, uma vez que o emprego público constitui um vínculo de organização, ao funcionário público não era possível atribuir-se-lhe uma individualidade jurídica que lhe permitisse adquirir autonomia relativamente àquele aparelho[381].

Um outro pressuposto em que se baseava a concepção clássica da relação de emprego público tinha que ver com a posição dos sujeitos. Entendia esta concepção que neste tipo de relações o Estado ou outro ente público entrava nesse vínculo numa posição de supremacia, daí que era impossível reconduzi-la a uma natureza contratual[382]. Para além desta supremacia do ente público, factor distintivo da relação de emprego público com o emprego privado, a concepção clássica do emprego público pressupunha também que esta relação tinha uma natureza não patrimonial, diferentemente do que acontece nas relações de direito privado. Para o

---
[378] CAETANO, Marcello. *Princípios fundamentais do Direito Administrativo*, cit, pg. 292.
[379] RIVERO, Jean. *Direito Administrativo*, cit., pg. 13.
[380] FREITAS DO AMARAL, Diogo. *Curso de Direito Administrativo*. Vol. I, cit., pg. 37.
[381] LIBERAL FERNANDES, Francisco. *Autonomia colectiva dos trabalhadores da Administração*, cit., pgs. 83 a 86.
[382] Em capítulos anteriores, designadamente CAP II, ponto II.6, defende-se a equiparação do ente público ao empregador privado, quando contrata em termos de direito privado.

efeito, defendia-se que os cargos públicos – objecto das relações de emprego público, não tinham natureza de bens patrimoniais e, por isso, estavam fora do comércio privado[383].

Ainda na evolução da concepção clássica do emprego público, verifica-se que, para esta concepção, o emprego público tinha (e continua tendo, na maior parte das legislações como é o caso de Moçambique, por força do artigo 252 da Constituição – "os funcionários e demais agentes do Estado, no exercício das suas funções, devem obediência aos seus superiores hierárquicos, nos termos da lei") uma natureza hierárquica, donde resulta a sua qualificação como relação especial de dependência hierárquica[384].

Em suma, sobre a concepção clássica do emprego público, parece que se torna importante a análise do Direito Administrativo, no Estado Liberal. Nesta época, a teoria do Direito Administrativo, a que MARCELLO CAETANO chama de clássico, baseava-se fundamentalmente na noção do Acto Administrativo[385], enquanto decisão unilateral da AP, que constitui, modifica e extingue determinadas situações jurídicas. Por outras palavras, analisando a concepção do Direito Administrativo no Estado Liberal, constata-se que a AP era "encarada como inevitavelmente agressiva dos direitos dos particulares, o núcleo fundamental da própria ciência do Direito Administrativo, enquanto manifestação de autoridade"[386]. O que significa que esta concepção clássica do emprego público, como uma relação de sujeição do funcionário, é produto da concepção do Estado Liberal.

É neste quadro que a relação de emprego público surge como uma relação especial de poder, avessa a qualquer influência do direito privado, dada a natureza da sua estrutura e pressupostos.

---

[383] Cfr. LIBERAL FERNANDES, Francisco. *Autonomia colectiva dos trabalhadores da Administração*, cit., pgs. 92 a 108.

[384] LIBERAL FERNANDES, Francisco. *Autonomia colectiva dos trabalhadores da Administração*, cit., pg. 79.

[385] ESTORNINHO, Maria João. *A fuga para o Direito privado*, cit., pg. 33.

[386] Idem.

b) *A concepção moderna do emprego público e suas consequências na estrutura e natureza do Estado social*

Dentre as várias formas de privatização do emprego público, a que merece maior destaque, para a análise que se pretende fazer, é a do recurso aos institutos do direito do trabalho para regular situações da função pública. É, sobretudo, no campo da "expansão dos direitos fundamentais tradicionalmente reconhecidos aos trabalhadores privados para o sector público"[387] que, infelizmente, se percebe que, afinal, a concepção clássica do emprego público sobreviveu ao Estado Social. Com efeito, conforme foi dito acima, a natureza do emprego público como relação de poder resulta da concepção clássica do Direito Administrativo, construído essencialmente em volta da noção do acto administrativo.

A crise desta concepção clássica começa com o advento do princípio de legalidade, produto do próprio Estado Liberal. O liberalismo político exige que o cidadão seja protegido contra o poder[388] e o funcionário público não deixa de ser um cidadão que merece protecção face aos poderes da AP.

Por isso, dentro do Estado Liberal, pode notar-se um certo declínio dos pressupostos da concepção clássica do emprego público, pois, ainda que nessa altura o Direito Administrativo se centrasse no Acto Administrativo, verifica-se que a teorização sobre esta decisão unilateral "é, no fundo, o processo da sua submissão ao Direito, com todas as consequências que implica. Isto significa, aliás, o aparecimento da moderna concepção do Direito Público, assente na limitação do poder do Estado, não apenas enquanto fisco, mas também quando actua como entidade soberana, dotada de autoridade"[389].

Qualquer modelo jurídico que se pretende defender num dado ordenamento jurídico, carece da sua legitimidade constitucional. Seria exigir, por assim dizer, que a concepção do emprego público como uma relação especial de poder tivesse um fundamento constitucional. Na verdade, quando se fala das implicações da utilização dos instrumentos[390] do

---

[387] PALMA RAMALHO, Maria do Rosário. *Intersecção entre o regime da função pública e o regime laboral*, cit., pg. 452.
[388] RIVERO, Jean. *Direito Administrativo*, cit., pg. 29.
[389] ESTORNINHO, Maria João. *A fuga para o Direito Privado*, cit., pg. 33.
[390] LIBERAL FERNANDES, Francisco. *Autonomia dos trabalhadores da Administração Pública*, cit., pg. 112.

direito privado nas situações de emprego público, o que se questiona é a compatibilidade dos princípios e pressupostos da teoria clássica, tipicamente de cariz publicista, com as novas orientações constitucionais da época do Estado social.

Uma leitura pouco cuidada do artigo 252 da CRM, acima citado, poderia sugerir o entendimento de que a estrutura hierárquica da organização da AP moçambicana é favorável a essa concepção clássica do emprego público como relação de poder. Todavia, deve dizer-se, desde logo, que a leitura daquele preceito não pode ser isolada, impondo-se a sua interpretação dentro de outros princípios que enformam a própria Constituição.

A República de Moçambique identifica-se como um país baseado nos princípios do Estado de Direito Democrático e de Estado de justiça social[391]. Por força do princípio do Estado do Direito, "os órgãos da Administração Pública obedecem à Constituição e à lei e actuam com respeito pelos princípios da igualdade, da imparcialidade, da ética e da justiça"[392]. Por outro lado, a ideia do Estado democrático há-de impor a participação dos cidadãos no exercício do poder que os rege[393], donde resulta que os funcionários públicos tenham o direito de serem ouvidos nas reformas que se introduzam nos seus regimes. Isto é, em face do princípio de Estado democrático, a negação do direito de negociação colectiva dos funcionários públicos moçambicanos coloca-se nos antípodas da inconstitucionalidade, p.e., do processo da revisão do EGFE sem a participação dos representantes destes trabalhadores. Por outro lado, constitui violação do próprio formalismo do procedimento administrativo, imposto pelo já citado artigo 9 do Decreto n.º 30/2001, que determina que a AP promove a participação dos administrados na tomada de decisões que afectem os seus interesses.

Finalmente, diz-se que no Estado de Direito social um dos fenómenos que está em causa é a passagem da Administração autoritária à Administração consensual[394]. Se a AP passa de autoritária para uma Administração consensual, "o funcionário tem, pois, a par dos poderes funcionais

---

[391] Cfr. Artigo 1, 2 e 3 da CRM.
[392] N.º 2, do artigo 249 da CRM.
[393] RIVERO, Jean. *Direito Administrativo*, cit., pg. 30.
[394] BULL, Hans Peter. *Allgemeines Verwaltungsrecht. Apud* ESTORNINHO, Maira João. *A fuga para o Direito privado*, cit., pg. 44.

que exerce, mas que pertencem ao cargo onde está provido, direitos subjectivos próprios que o legislador deve respeitar"[395].

Neste sentido, e segundo MARCELLO CAETANO, a natureza estatutária da situação de emprego na função pública passa a ser entendida como um regime em que os direitos e obrigações do indivíduo admitido a prestar serviços à AP não são estipulados caso a caso em contrato livremente discutido e acordado, mas em normas gerais, constantes das leis e regulamentos[396].

Analisando esta questão nas suas profundezas, constata-se que a utilização dos instrumentos do Direito Privado nas relações de trabalho na AP, num Estado Social, traz alguns paradoxos. Com efeito, o carácter intervencionista do Estado Social, ao contrário do *laissez faire* do Estado Liberal, exige do Estado muitos poderes de intervenção por parte da AP. Esta forma de entender resulta da premissa de que onde as necessidades colectivas se fazem sentir com maior intensidade, a AP é obrigada a criar um serviço público para as prover. O que justifica a publicização das formas de actuação da AP é a primazia deste interesse público face aos interesses particulares, determinando a existência das prerrogativas de poder público para garantir que o interesse colectivo não seja posto em causa.

Todavia, este Estado social cada vez mais recorre a formas privadas para a prossecução do interesse colectivo[397]. No emprego público, nota-se também uma crescente influência do direito laboral comum sobre o regime do emprego público, através da importação de alguns institutos tais como a liberdade sindical, direito de negociação colectiva e direito à greve. Como se pode ver, se, por um lado, há um maior apelo à intervenção do Estado, para a satisfação das necessidades colectivas, nota-se, por outro, que o Estado cada vez mais abdica das suas prerrogativas de poder público para a prossecução do interesse público.

---

[395] CAETANO, Marcello. *Princípios fundamentais do Direito Administrativo*, cit., pg. 296.

[396] CAETANO, Marcello. *Princípios fundamentais do Direito Administrativo*, cit., pg. 296. Na sua explanação, Marcello Caetano vai mais longe, um pouco na mesma perspectiva em que se pronuncia Menezes Cordeiro, afirmando que cada vez menos o conteúdo das situações de trabalho no sector privado é fixado caso a caso, pois ou o mesmo é fixado imperativamente pela lei ou resulta dos Contratos Colectivos de Trabalho. Poder-se-ia dizer que, neste sentido, o regime privado é também, de certo modo, estatutário.

[397] ESTORNINHO, Maria João. *A fuga para o Direito privado*, cit., pg. 39.

Se, por um lado, a laboralização das relações de trabalho na AP tem vantagens, por outro, põe em causa o cumprimento do dever de continuidade do serviço público. Com efeito, com a laboralização do emprego público, os funcionários adquirem direitos que, em determinadas circunstâncias, são de difícil conciliação com o interesse público. Tomemos como exemplo uma situação ocorrida em Portugal: aquando da realização dos exames do 9.º ano, os professores decidiram entrar em greve. Em reacção, o Governo recorreu ao mecanismo da requisição civil. Todavia, os professores lançaram mão de providências cautelares com o objectivo de suspender a execução da decisão do Governo. Como se pode ver, dificilmente se pode restringir o exercício do direito à greve na medida em que se trata de um direito fundamental dos funcionários públicos.

É por isso que, o cada vez maior recurso a formas privadas para a actuação da AP, nomeadamente no âmbito das situações de emprego público faz com que o Estado deixe de ter, até certo ponto, perante os seus funcionários, os poderes de que carece para fazer prevalecer o interesse público. Com efeito, as exigências da democracia e de Direito – protecção contra o arbítrio e participação na actividade administrativa – manifestam--se nas relações da Administração como os Administrativos e nas suas relações com os seus próprios agentes, exercendo influência (...) na estrutura da hierarquia[398].

Portanto, na estrutura da AP, a hierarquia é afectada no sentido de que o subalterno obedece apenas às ordens e instruções legais (artigo 252 *in fine*), gozando do direito de resistência contra ordens ilegais (artigo 80 da CRM), bem como aquelas que violem os seus direitos ou interesses legalmente protegidos.

Por outro lado, os poderes da Administração Pública não só são limitados por lei – no sentido de que têm fundamento e limite na lei –, mas também são consideravelmente afectados quanto ao seu conteúdo. Com efeito, em matéria de direitos, nas situações de emprego público, já não se poderá dizer que a AP goza de uma completa disponibilidade face à situação dos seus funcionários. Neste sentido, LIBERAL FERNANDES defende que a AP não mais possui a competência de fazer do regime da função pública um domínio não jurídico.

---

[398] RIVERO, Jean. *Direito Administrativo*, cit., pg. 30.

CONCLUSÕES

A pergunta de investigação que é objecto de estudo nesta dissertação encontra-se dividida em duas partes, designadamente a primeira quanto à questão das implicações que a noção de interesse público exerce sobre as situações jurídicas de trabalho entre a Administração e os seus trabalhadores, submetidas ao direito privado. A segunda procura saber em que condições e limites pode ser feita a transposição do direito privado para as situações jurídicas de emprego na função pública.

Em relação à primeira parte do problema de investigação, a hipótese em que assenta a presente dissertação é de que as situações jurídicas de emprego público, constituídas e submetidas ao direito do trabalho, sofrem influência dos princípios que regulam o funcionamento da Administração Pública. Quanto à segunda parte do problema, pressupõe-se, como hipótese de estudo, que, reunidas determinadas condições, é admissível a aplicação da lei e do direito do trabalho nas relações de trabalho da Função Pública.

Chegados a esta fase de apresentação das conclusões, cabe responder à pergunta de investigação e confirmar ou rejeitar as hipóteses assumidas em relação àquela pergunta.

Neste sentido, importa destacar que:

a) O presente estudo permitiu chegar à conclusão de que a aplicação da LT e do Direito de Trabalho nas situações de emprego público, quer se trate de relações de direito privado quer de direito público, representa o chamado movimento de laboralização do emprego público;

b) Ao longo do trabalho, foi possível constatar que esse movimento de privatização ou laboralização do emprego público constitui uma prática corrente tanto nos países que seguem o sistema administrativo francês, tais são os casos da Espanha, França e Portugal, como nos países da *common law;*

c) Esse processo da privatização ou laboralização do emprego público é um fenómeno que ocorre dentro do vasto domínio da chamada privatização da administração pública;

d) Por outro lado, tornou-se evidente que é no âmbito das Reformas que as Administrações Públicas têm vindo a sofrer nos últimos anos, quer com a privatização dos serviços públicos quer com a transformação de serviços públicos não personalizados em entidades públicas dotadas de personalidade jurídica e cujo regime de pessoal é de direito privado (direito do trabalho), que também se move a privatização do emprego público;

e) O estudo mostrou que as situações de emprego público não são estranhas ao domínio do direito do trabalho, sendo disso exemplo o artigo 6 do diploma preambular do CT de Portugal e a recente aprovação da Lei n.º 23/2004, de 22 de Junho, que regula a utilização do contrato individual do trabalho no direito português, confirmando deste modo as hipóteses colocadas como possíveis respostas ao problema estudado;

f) Os principais aspectos que essa privatização do emprego público deve ter em conta são os princípios e regras do Direito Administrativo que regulam o funcionamento do serviço público;

g) Assim, do ponto de vista metodológico, necessário se torna manter qualquer discurso de laboralização da função pública dentro do próprio Direito Administrativo, no sentido de que é a partir desta disciplina jurídica que deve ser estudado o fenómeno, sem deixar o Direito do Trabalho como referência, mas tendo sempre em vista os princípios próprios daquele ramo do Direito Público;

h) Deve rejeitar-se, por enquanto e, por isso, qualquer discurso de unificação entre o regime da função pública e o regime laboral comum nos sistemas administrativos do tipo francês, pois estes sistemas baseiam-se na tradicional divisão entre o direito privado e direito público. A unificação entre o regime da função pública e o regime laboral comum impõe, como questão prévia, a unificação do Direito Administrativo e o Direito Privado (Direito do Trabalho);

i) Porém, apesar da rejeição da unificação, é inegável que o regime da função pública tem importado, aos poucos, institutos do direito privado nomeadamente em matéria dos direitos colectivos. Fala-se, então da uniformização dos regimes;

j) Uma outra conclusão, não de somenos importância, tem que ver com o facto de que a utilização dos instrumentos do direito privado pela AP, designadamente o contrato individual do trabalho, não subtrai os entes públicos e os seus servidores das imposições decorrentes do interesse público;

k) Da análise da legislação aplicável a esta tipologia de relações de trabalho, sujeitas ao direito privado, resulta claro que a aplicação da lei de trabalho nas empresas estatais e públicas é a regra, e as derrogações que este regime privado sofre constituem excepção àquela regra geral. Tais excepções correspondem à projecção que, sobre as relações de trabalho na AP, tem o fim público prosseguido por aqueles entes públicos. Confirma-se a hipótese de estudo colocada, no sentido de que o interesse público subjacente a qualquer relação de emprego público, submetida ao direito privado, pode impor derrogações a alguns aspectos desta relação de emprego;

l) Por sua vez, o estudo permitiu concluir que a constituição das situações de trabalho entre o Estado e seus trabalhadores, sob a égide da LT, constitui uma excepção ao regime regra de aplicação do direito público. Só em determinados casos, residuais em relação à diversidade de actividades desempenhadas pelos agentes administrativos e funcionários, é que se permite ao Estado celebrar contratos individuais de trabalho, sujeitos ao direito privado;

m) A problematização da laboralização do emprego público permite quebrar o modelo clássico e a sua qualificação como relação especial de poder, ganhando a dimensão de uma verdadeira situação laboral para os funcionários da qual emergem direitos subjectivos para os trabalhadores públicos;

n) A subjectivação da posição dos funcionários e agentes do Estado faz com que a teoria dos direitos adquiridos ganhe dimensão nas situações de emprego público, pois o regime deixa de estar à disponibilidade da AP;

o) Esta mesma laboralização interfere na natureza e estrutura do Estado social, ao impor novos conteúdos à relação hierárquica que liga o funcionário ao Estado. O dever de subordinação e de obediência só é imposto quando decorre da lei;

p) É facto assente que a publicização das relações jurídicas de emprego público coloca o trabalhador público numa situação de

dupla relação, podendo até mesmo falar-se de dois níveis de especialização da situação de emprego na Administração Pública. O primeiro nível de especialização corresponderia à qualificação da situação de emprego público como uma relação especial de trabalho, com especificidades próprias. O segundo nível de especialização seria a regulação desta relação por normas de direito público, mesmo que ela tenha sido constituída segundo moldes privados. Donde resulta que:
  i. O primeiro nível de especialização permite que as relações de emprego público, com natureza pública, possam ser reguladas por normas e princípios inspirados do regime jurídico do direito do trabalho; isto porque, por um lado, trata-se de uma relação especial de trabalho e, por outro, porque o emprego na função pública constitui espécie de relação de emprego público, de que a relação de trabalho privado na Administração é também espécie;
  ii. O segundo nível de especialização impõe vinculações jurídico-públicas às situações jurídico-privadas de emprego público. Com efeito, esta situação jurídico-privada faz parte do fenómeno da chamada utilização dos instrumentos privados pela Administração para a prossecução do interesse público. Há-de ser este interesse público que vai impor vinculações mínimas, de direito público, a este tipo de relações;

q) Por último, e a fechar, é de concluir que o processo de laboralização do emprego público se apresenta como um movimento circular. Parte em busca da atenuação da rigidez do regime público. Todavia, o carácter tendencialmente liberal das relações privadas fará com que um dia se retorne ao ponto de partida, ou seja, mais cedo ou mais tarde a AP vai pretender reaver o poder que perde com o processo da privatização.

PALAVRAS FINAIS

A privatização do emprego público resulta da aplicação da LT nas situações de emprego público, estas divididas em situações jurídico-privadas de emprego público e situações jurídico públicas de emprego público. Esta privatização é um facto assente e, até certo ponto, irreversível, dada a necessidade de protecção dos direitos adquiridos pelos trabalhadores do sector público.

No começo deste processo, a preocupação centra-se sobre o papel da noção do interesse público como denominador comum desta privatização. Nas situações jurídico-privadas, o interesse público implica a sujeição destas relações a um mínimo de regras do direito público. Nas situações de emprego público, na função pública, o interesse público impõe a reserva de determinadas funções ao domínio estrito do direito público, funções essas tidas como incompatíveis com o discurso da laboralização.

Neste contexto, a privatização do emprego público permite antecipar duas realidades inevitáveis, no futuro. A primeira, terá que ver com o facto de ser inevitável que tanto o Direito Administrativo como o Direito do Trabalho se interessem cada vez mais pelo fenómeno. A segunda, corresponderá a um retorno ao discurso da primazia do interesse público sobre os interesses particulares dos funcionários públicos. Só assim é que a AP conseguirá travar os excessos que da auto-tutela dos direitos pelos trabalhadores públicos podem resultar.

BIBLIOGRAFIA

MANUAIS, MONOGRAGIAS E ARTIGOS

ALVAREZ, Tomás Gómez. *La transformacion de las Administraciones Públicas: aspectos laborales y perspectivas de futuro*. CES, Colección Estudios, 1.ª edición

AMADO GOMES, Carla. *Contributo para o Estudo das Operações Materiais da Administração Pública e do seu Controlo Jurisdicional*. Coimbra Editora, Abril de 1999.

ANDRÉ DE FARIAS, Fábio. *Servidor Público: transposição de regime de trabalho, limites e possibilidades*.Artigo publicado na internet www.prt21.gov.br/dt. e extraído a 18 de Fevereiro de 2005.

AUBY, Jean-Marie/DUCOS-AUDER, Robert. *Droit Administratif. La fonction publique, les biens publics et les travaux publics*. Dalloz, Paris, 1986, Septième édition.

ASSIS, Rui. *Mobilidades. Artigo*. Sitio do internet *A Página da Educação*.

BARBAS HOMEM, António Pedro. *O justo e o injusto*. AAFDL, Lisboa, 2001.

BASSON, Cristianson/GARBERS, Le Roux/MISCHKE, Strydom. *Essential Labour Law*. Volume 1, Individual Labour Law. LLP. Cape Town, 2002, 3rd Edition.

BERGAMO, Benedito Libério. *A administração pública, quando contrata pela CLT, equipara-se ao empregador privado. Uma afirmação que tem limitado a competência material da justiça do trabalho*. Jus Navigand, artigo sem data e paginação.O Autor é Procurador Autárquico em São Paulo.

BOWERS, John & HONEYBALL, Simon. *Text Book on Labour Law*. Blacksone Press Ltd. Uk, London, 6th Edition.

BRAMANTE, Ivani Contini. *Direito Constitucional de Greve dos Serviços Públicos – Eficácia Limitada ou Plena? Emenda Constitucional N.º 19*. Artigo Disponível na Internet, sem data. Sitio *Jus Navidang*.

BRETON, Jean-Marie. *Droit de la Fonction Publique des État D'Afrique Francophone*.

COMOANE, Paulo Daniel. *Haverá um direito a greve na função pública em Moçambique?* Relatório apresentado por ocasião do Mestrado em ciências jurídicas organizado pela Faculdade de Direito da Universidade Eduardo Mondlane e a Faculdade da Direito da Universidade de Lisboa, Maputo, 2004.

CISTAC, Gilles. *Jurisprudência Administrativa de Moçambique*, Vol. 1 (1994-1999), Maputo, Agosto de 2003.

CAETANO, Marcello. *Manual de Direito Administrativo*. Vol II, Almedina, Coimbra, 1994 (10.ª edição revista e actualizada pelo Prof. Diogo Freitas do Amaral).

– *Princípios Fundamentais do Direito Administrativo*.Reimpressão da edição brasileira de 1977, 1.ª Reimpressão Portuguesa.

CRATELA JÚNIOR, J. *Dicionário de Direito Administrativo*. 3.ª edição Revista e aumentada. Forense, Rio de Janeiro, 1978.
ESTORNINHO, Maria João. *A fuga para o Direito privado. Contributo para o estudo da actividade de direito privado da Administração Pública*. Colecção Teses, Almedina, Coimbra, 1999.
 – *Contratos da Administração Pública (esboço de autonomização curricular)*, Coimbra, 1999.
FERNANDA NEVES, Ana. *Relação Jurídica de Emprego Público*.Coimbra Editora, 1999.
 – *«Desassossegos» de regime da função pública*. Revista da Faculdade de Direito da Universidade de Lisboa, Coimbra Editora, 2000.
 – *A Privatização da Relação de Trabalho na Administração Pública*. Caminhos da Privatização da Administração Pública. IV Colóquio Luso-Espanhol do Direito Administrativo, Boletim da Faculdade de Direito da Universidade de Coimbra, Coimbra Editora, 2001.
 – *A mobilidade funcional na Função Pública*. AAFDL, Lisboa, 2003.
FREITAS DO AMARAL, Diogo. *Direito Administrativo*. Vol. I, Almedina, Coimbra, 2.ª edição.
GARCIA, Maria da Glória. *Caminhos para a privatização da Administração. As transformações do Direito Administrativo na utilização do Direito Privado pela Administração pública-Reflexões sobre o lugar do Direito no Estado*. Boletim da Faculdade de Direito da Universidade de Coimbra, STVDIA JVRIDICA. *IV Colóquio Luso--Espanhol de Direito Administrativo*. Coimbra Editora, 2001.
GRAIG, P. P. *Administrative Law*. 3rd edition.
HARGER, Marcelo. *O processo administrativo e a reforma in pejus. Revista electrônica. Actualidades*.Editora Forense.www.editoraforense.com.br (30/12/2003)
LAUBADÈRE, André/VENEZIA, Jean-Claude/GAUDEMET, Yves. *Traité de droit administraf*. Tome 1, L.G.D.J., Paris, 11e edition.
LAUBADÈRE, André/VENEZIA, Jean-Claude/GAUDEMET, Yves. *Traité de droit administratif*. Tome 2, L.G.D.J., Paris, 11e edition.
LE PORS, Anicet. *L'évolution des functions publiques. Harmonisation ou Unification?*. Colloque International, 25, 26, 27 octobre 2000, Bruylant, Bruxelle.
LIBERAL FERNANDES, Francisco. *Autonomia Colectiva dos trabalhadores da Administração. Crise do modelo clássico*. Boletim da Faculdade de Direito da Universidade de Coimbra, Coimbra Editora, 1995.
LOBO XAVIER, Bernardo da Gama. *Curso de Direito do Trabalho*, 2.ª edição, de 1993 com aditamento de actualização. Verbo, Lisboa/São Paulo, Reimpressão de 1996.
MANUEL ANDRADE, *Teoria Geral da Relação Jurídica*, reimpressão, Coimbra, 1963.
MARQUES, José Dias. *Introdução ao Estudo do Direito*. Lisboa, 1994, 2.ªedição.
MARTIN MATEO, Romón. *Manual de Derecho Administrativo*. Trivium Editorial, Madrid, 1999, 12.ª edición.
MENEZES CORDEIRO, António. *Manual do Direito do Trabalho. Dogmática básica e princípios gerais; direito colectivo do trabalho; direito individual do trabalho*, Almedina, Coimbra, 1997, Reimpressão.
MIR PIUG, Santiago. *Derecho Penal. Parte General*. PPU, Barcelona, 1984, 2.ª edición.
MONTEIRO FERNANDES, António Lemos. *Direito do Trabalho*. Almedina, Coimbra, 1999, 11.ª edição.

MOTA PINTO, Carlos. *Teoria Geral do Direito Civil*, 3.ª edição.
NUNES ABRANTES, José João. *Estudos de Direito do Trabalho*. AAFDL, 2.ª edição, Lisboa 1992.
OLEA, Manuel Alonso/BAAMONDE, Maria Emília casas. *Derecho del Trabajo*. Civitas, Madrid, 2001, 19.ª edição.
OTERO, Paulo. *Caminhos da Privatização da Administração Pública.Coordenadas Jurídicas da Privatização da Administração Pública*. Boletim da Faculdade de Direito da Universidade de Coimbra, STVDIA JVRIDICA, *IV Colóquio Luso-Espanhol de Direito Administrativo,* Coimbra Editora, 2001.
PALMA RAMALHO, Maria do Rosário. *Intersecção entre o regime da Função Pública e o Regime Laboral – Breves Notas*. Separata da Revista da Ordem dos Advogados, Ano 62, II – Lisboa, Abril de 2002.
– *Contrato de trabalho na Reforma da Administração Pública*. Revista da Associação de Estudos Laborais. Questões Laborais, Ano XI-2004, Coimbra Editora.
– *Contrato de Trabalho na Administração Pública. Anotação à Lei n.º 23/2004, de 22 de Junho*. Almedina, Coimbra, Setembro, 2004.
PALACIOS, ROBERT. *Regulación de los sistemas de pensiones de capitalización individual: visiones de los sectores públicos y privado. Desafios de los nuevos sistemas de pensiones*. Oficina Internacional de Trabajo. Seminário, Lima-Perú, Deciembre 2002.
PALOMAR OLMEDA, Alberto. *Derecho Administrativo II. Parte Especial. La Función Pública,* 12.ª edição actualizada.
PLANTEY, Alain. *La Fonction Publique. Traité Général*. LITEC, Paris, 1991.
– *Réformes dans la Fonction Publique. Complement el mise a jour du traite pratique de la function publique*. L.G.D.J., Paris.
PAZ FERREIRA, Eduardo. *Valores e interesses. Desenvolvimento Económico e Política comunitária de Cooperação*. Almedina, Coimbra, 2004.
REBELO DE SOUSA, Marcelo & SALGADO DE MATOS, André. *Direito Administrativo Geral. Introdução e princípios fundamentais*. Tomo I, Dom Quixote, Lisboa, Outubro de 2004.
ROMANO MARTINEZ, Pedro. *Direito do Trabalho*. Almedina, Coimbra, Abril de 2002.
– *Apontamentos sobre a Cessação do Contrato de Trabalho à Luz do Código do Trabalho*. AAFDL, Lisboa, 2004.
RIVERO Jean. *Direito Administrativo. Tradução portuguesa de Doutor Rogério Ehrhardt Soares*. Almedina, Coimbra, 1981.
ROPPO, Enzo. *O contrato*. Almedina, Coimbra, 1988.
SAINT-JOURS, Yves. *Manuel de Droit du Travail dans le secteur public. Fonction publique. Fonction Territoriale. Entreprises publique*. L.G.D.J, Paris, 1986.
SANTOS DA SILVA, Cláudio. *Negociação Colectiva no serviço público: um debate actualíssimo*. Artigo disponível na internet pelo mecanismo de busca www.google.com.
VEIGA E MOURA Paulo. *Função Pública. Regime Jurídico, Direitos e Deveres dos Funcionários e Agentes*. 1.º Volume, Coimbra Editora, 2001, 2.ª Edição.
ZAPATA, Francis. *le juge administratif et l'application du code du travail aux personnels du secteur public"*. Droit Social n.º 7/8 – Julliet-Aout 1996.

DOCUMENTOS OFICIAIS

Estratégia Global da Reforma do Sector Público, 2001-2011. Comissão Interministerial da Reforma do Sector Público (CIRESP), Maputo 2001

JURISPRUDÊNCIA ADMINISTRATIVA

Acórdão n.º 29/98-1.ª Secção, de 14 de Agosto.
Acórdão n.º 24/96-1.ª Secção, de 15 de Outubro.
Acórdão n.º 29/98-1.ª Secção, de 24 de Novembro.
Acórdão n.º 7/2004-1.ª Secção, de 21 de Março.
Acórdão n.º 16/2004-1.ª Secção, de 3 de Abril.
Acórdão n.º 36/2004-1.ª Secção, de 1 de Junho.
Acórdão n.º 57/2004-1.ª Secção, 14 de Setembro.
Acórdão n.º 81/2004-1.ª Secção, de 7 de Dezembro.

LEGISLAÇÃO:

A – NACIONAL

Código Civil, aprovado pelo Decreto-Lei n.º 47 344, de 25 de Novembro.
Constituição da República de Moçambique de 90, com a revisão de 2004.
Decreto n.º 30/2001, de 15 de Outubro – Aprova as normas de funcionamento dos órgãos e serviços do Estado.
Decreto n.º 14/87, de 20 de Maio – Aprova do Estatuto Geral dos Funcionários do Estado.
Decreto n.º 24/94, de 28 de Junho – Regula a Contratação fora do Quadro do Aparelho do Estado.
Decreto n.º 64/98, de 3 de Dezembro – Regime de Carreiras e Remunerações no Estado.
Decreto n.º 65/98, de 3 de Dezembro – Revoga alguns artigos do EGFE, nomeadamente o regime do contrato administrativo de provimento.
Decreto n.º 78/99, de 1 de Novembro – Permite, a título excepcional, a contratação de docentes ao abrigo do artigo 34 do EGFE.
Lei n.º 2/81, de 30 de Setembro – Define as regras de organização e funcionamento das empresas estatais.
Lei n.º 5/92, de 6 de Maio – Lei Orgânica do Tribunal Administrativo.
Lei n.º 17/91, de 3 de Agosto – Lei Quadro das Empresas Estatais.
Lei n.º 8/98, de 29 de Julho – Lei do Trabalho.
Lei n.º 9/2001, de 7 de Julho – Lei do Processo Administrativo contencioso.
Portaria n.º 57/76, de 4 de Março – Extingue o Serviço Nacional do Cinema.

B – ESTRANGEIRA REFERENCIADA NO TRABALHO

Labor Relations Act 1995 – Regime Laboral Sul Africano.
Code du Travail Francês.
Código do Trabalho Português.
Decreto-Lei n.º 427/89, de 7 de Dezembro.
Lei n.º 23/2004, de 22 de Junho – Aprova o regime jurídico do contrato de trabalho na Administração.